LE

PARTI CATHOLIQUE

CE QU'IL A ÉTÉ, CE QU'IL EST DEVENU

PARIS. — IMP. SIMON RAÇON ET COMP., RUE D'ERFURTH, 1.

LE
PARTI CATHOLIQUE

CE QU'IL A ÉTÉ, CE QU'IL EST DEVENU

PAR

LE COMTE DE FALLOUX

DEUXIÈME ÉDITION

PRÉCÉDÉE D'UNE PRÉFACE ET SUIVIE DE NOTES.

PARIS

AMBROISE BRAY, LIBRAIRE-ÉDITEUR

ANCIENNE MAISON SAGNIER ET BRAY

66, RUE DES SAINTS-PÈRES, 66.

—

1856

PRÉFACE

J'ai volontairement retardé la pu-
blication de cette seconde édition; je
désirais qu'elle ne s'adressât qu'à des
esprits de sang-froid. Cet apaisement

n'est pas encore venu, et, en attendant, on tire vanité de ma réserve;
on en argumente directement contre
ma cause. Je dois donc, en face de
répliques multipliées et volumineu-
ses, maintenir mon travail sous les
yeux du public. Je le fais sans rien
aggraver, sans rien retrancher; j'a-
joute seulement quelques notes rela-
tives aux allégations que je ne puis
accepter.

Les injustices n'ont point dépassé

mon attente, elles n'ont pas troublé ma conviction : je m'étais armé d'avance du patient courage que doit opposer toute œuvre de la conscience à toute œuvre de l'illusion et de la passion.

Je pensais qu'une protestation était nécessaire et devait être explicite; je pensais que la contradiction qui en naîtrait, quelle qu'elle fût, serait moins nuisible à la vérité, à l'honneur, qu'une solidarité trompeuse et trop longtemps subie. Ce que je pensais alors, je le pense aujourd'hui; j'oserai même dire que je le pense encore davantage.

Je n'ai jamais tenté, pas plus que mes amis, d'empiéter sur le domaine de la théologie : nous nous sommes tenus sur le terrain où nous avons droit de témoignage et liberté de discussion, sur le terrain laïque; nous y demeurons.

La réponse qui m'a été adressée

n'est qu'un long artifice; elle élude les questions ou dénature les faits; elle ne cesse de faire intervenir les préoccupations politiques, là où j'invoque uniquement l'intérêt religieux. En me reprochant d'identifier la religion à des vues et à des combinaisons humaines, mes adversaires trahissent leur propre effort, et pratiquent en réalité précisément ce dont ils m'accusent.

Nous disions autrefois : Il faut défendre l'Église et la société sous tous les gouvernements. On ne se contente plus de cela désormais : on semble garder la même formule, mais on y introduit une grave modification : à la société on substitue le gouvernement. Cette substitution accomplie, on va plus loin : on prétend imposer, tantôt une forme de gouvernement exclusive, tantôt un engagement gratuit et spontané envers tous les gouvernements futurs. Ces théories nouvelles, humiliantes pour le catholique, inadmissibles pour le citoyen, présentées en termes naïvement cyniques, soulèvent d'énergiques réprobations; on s'en étonne, et l'on se croit en mesure de les braver.

Une chose sépare les hommes plus profondément encore que de n'avoir pas la même manière de voir, c'est de n'avoir pas la même manière de sentir, et c'est là l'abîme qui de jour en jour se creuse entre nos adversaires et nous.

Puissent du moins ceux qui méconnaissent ou repoussent, en ce moment, des avertissements désintéressés ne pas comprendre trop tard la leçon plus sévère des événements!

LE

PARTI CATHOLIQUE

CE QU'IL A ÉTÉ — CE QU'IL EST DEVENU

I

J'ai longtemps hésité avant d'entreprendre ce travail. On ne renonce pas aisément, en ce temps-ci, aux douceurs de la retraite pour affronter les ardeurs et, sans aucun doute, les inimitiés d'une polémique envenimée. Mais, grâce à Dieu, on ne se désintéresse pas facilement non plus de ce qui a fait battre le cœur toute la vie et de ce qui touche aux plus profondes convictions de l'âme.

Les questions religieuses ont une opportunité éternelle. Dès qu'on les croit mal servies, dès qu'on les sent compromises, on est tenté de rentrer en lice et de recommencer les vieux combats.

Récemment le prince de Broglie a tracé en larges traits les torts et les périls de la polémique religieuse actuelle.

Rien ne convenait mieux à la hauteur naturelle de ses vues et de son talent. Mais on a profité de l'élévation même où il se plaçait pour essayer de se dérober à son atteinte; on a nié ce qu'il affirmait, en lui disant : Vous ne prouvez pas, vous ne citez pas; vous ne nous avez pas lus ou vous nous avez défigurés.

Quand de pareils débats sont entamés, ils ne se justifient qu'en s'épuisant. Des catholiques qui ne différeraient que sur le plus ou le moins d'âpreté dans le style seraient inexcusables de prendre le public à témoin d'une si misérable querelle. Quelle que soit, en pareille matière, l'influence de la forme sur le fond, elle ne suffirait pas pour expliquer la permanence de deux camps en conflit sous le même drapeau. Il faut donc, autant pour sa propre satisfaction que pour l'utilité commune des deux parties, arriver à pénétrer quiconque s'intéresse à nos controverses de leur irrécusable gravité; racheter, par le bénéfice de l'insistance et de la clarté, l'inconvénient de la division et du bruit, procéder par preuves de détail et s'appuyer sur des faits incontestés.

C'est ainsi que j'ai été conduit à interroger le passé, à lui demander s'il ne contenait pas assez d'enseignements, assez de leçons, pour intervenir de sa propre autorité et nous dispenser de plaidoiries plus directes.

L'expérience ne se transmet que bien imparfaitement d'un siècle à un autre, chacun de nous devant soutenir les combats de cette vie et mériter les récompenses de l'autre, dans des conditions, non semblables, mais égales. Si l'expérience s'accumulait d'âge en âge, si elle se capitalisait comme un trésor en numéraire, quel dénûment pour les siècles condamnés à subir les premières épreuves! Quel privilége pour le siècle tardif appelé à recueillir un long héritage! Dieu a permis cela pour les biens dont il fait peu de cas, il ne l'a pas voulu pour la liberté humaine qu'il respecte, et qu'il maintient, âme par âme, en face des mêmes difficultés, des mêmes lois et des mêmes promesses.

Ne faisons donc appel à l'expérience que dans un cercle défini et borné; mais du moins, entre gens d'une même génération, ayant traversé les mêmes crises, pratiqué les mêmes routes, connu les mêmes fortunes et les mêmes revers, à la poursuite du même but, n'est-il pas permis de prendre pour arbitre les années à peine écoulées? Dans un bien court espace de temps, nous avons vu deux conduites diamétralement opposées au service de la même cause. Il y a eu nécessairement, à travers tant d'alternatives, de bons et de mauvais conseils, des points de vue justes et des points de vue faux; replaçons les uns et les autres en présence des faits, racontons avant de juger.

Le point de vue rétroactif a d'ailleurs été invoqué par nos adversaires eux-mêmes. Ils ont dit : Le parti catholique a été brisé par l'esprit politique et l'esprit de transaction. Voyons donc, en effet, à qui appartient et jusqu'où remonte cette responsabilité; voyons ce qu'ont obtenu ceux qu'on accuse, voyons ce que veulent et ce qu'obtiennent les accusateurs.

Nous gagnerons, en nous plaçant ainsi à distance, un avantage d'un prix infini; nous serons plus sûrs de ne toucher aux personnalités que par les points

où les intérêts généraux sont véritablement engagés; nous pourrons affronter
les questions actuelles en gardant le
sang-froid de l'histoire, et répondre à
beaucoup de vivacités sans leur adresser
la parole.

Restait, pour moi, une dernière hésitation. Ces questions une fois admises,
ne me récusera-t-on pas nominativement
pour cause de suspicion légitime? N'est-
ce pas prêter le flanc à des flèches aisées à apercevoir, aisées à décocher, que
de commencer une œuvre de persuasion
par un récit dans lequel on joue soi-

même un rôle quelconque? On nous dé-
peint ou l'on nous désigne chaque matin comme des politiques désœuvrés,
comme des égoïstes mécontents. Et comment allons-nous repousser ce reproche?
Par des arguments où nos propres personnes sont en jeu. Je conviens que la situation est délicate, et j'ai à cœur de
déclarer que je m'en suis rendu compte.
On a meilleure chance d'éviter un écueil
quand on l'a bien étudié sur la carte
avant de quitter le port. Et, en outre,
quelle réserve, quelle précaution nous
garantiraient de ce genre d'attaque? On

en a usé envers nous bien avant que nous eussions agi ou parlé; et j'ai peine à deviner quelle épigramme tombera sur notre langage qui ne se soit émoussée déjà sur notre silence.

Après mûre réflexion, c'est précisément un témoignage plutôt qu'une argumentation que je me sens tenté d'apporter dans la balance.

Avoir vu les choses de près et les juger de loin me semble une bonne condition pour la tâche que je m'impose. Assurément il faut être dégagé de préoccupations personnelles; mais il faut aussi

avoir été mêlé aux hommes et aux affaires pour acquérir quelque droit à
les apprécier sainement. Par qui le lecteur sera-t-il plus souvent induit en erreur? Par l'écrivain qui, pour être plus
sûr de son impartialité, ne traitera que
les sujets qui lui sont étrangers, ou par
l'homme qui vient dire, en toute fran-
chise et simplicité :

J'étais là, telle chose m'advint?

La passion a ses piéges, l'incompé-
tence a les siens. J'ignore quels sont

ceux dans lesquels je vais tomber; j'af-
firme uniquement que j'ai fait, pour
me recueillir et m'éclairer, tous les efforts de la conscience et de la bonne
foi.

II

Le parti catholique, car il faut, pour la clarté, garder les noms adoptés, lors même qu'ils ont perdu leur raison d'être ou leur application primitive ; le parti catholique ne s'est point formé spontanément par le concert et pour la satisfaction de quelques individus ; il est né du refus de la liberté d'enseignement. La liberté d'enseignement existait en fait dans l'antique organisation de nos universités. Elle devint une conséquence forcée de l'état politique créé en 89, et dut prendre rang parmi les garanties légalement et authentiquement consacrées. Les gouvernements se séparant, ou pouvant se séparer de l'orthodoxie, l'Église dut se préoccuper, avant tout, de conserver

pour elle et de transmettre, avec indépendance, aux générations futures le
dépôt sacré de la foi. La Révolution,
puis l'Empire, s'armèrent contre cette
conséquence logique : la Révolution
par ses haines aveugles, l'Empire par
l'ensemble de son système qui surchar-
geait l'autorité et se méfiait de l'indépendance.

La Restauration, qui fit tant pour la
liberté politique, comprit moins bien
l'importance des libertés religieuses.
Par un noble penchant, par un concours d'événements prodigieux et en

apparence irrésistibles, mais contre lesquels il eût été prudent de se mettre en garde, l'État et l'Église se rendirent mutuellement trop solidaires l'un de l'autre. Il en résulta, au bout de peu d'années, qu'un roi, admirablement pieux, contre-signa les ordonnances de 1828, et qu'un clergé admirablement pur reçut le contre-coup des ordonnances de 1850.

La Révolution de juillet pouvait profiter de la double expérience de l'Empire et de la Restauration. D'ardentes passions s'y opposèrent. Le nom de

Dieu était mêlé alors à tous les cris de colère; on le poursuivit comme un ennemi, on l'outragea comme un vaincu. Paris vit dans un jour néfaste se renouveler, selon l'expression de M. de Carné, les horreurs des temps barbares. Une escouade d'émeutiers incendiait l'archevêché et précipitait la croix du faîte de Notre-Dame. On n'osait détacher contre elle la force publique. Un mandat de comparution était lancé contre l'archevêque. Les troubles de la rue s'apaisèrent, mais une agression plus savante persista.

Le pouvoir, moralisateur né des peuples, ne manque jamais impunément à sa mission. Le ministère qui avait pactisé avec les premiers tumultes tomba rapidement, et bientôt, en dépit de violentes clameurs, le gouvernement prit l'attidude bienveillante d'un ami de l'Église; mais diverses fractions du parti libéral continuèrent à s'imaginer qu'on pouvait façonner un monde religieux comme on était parvenu à façonner un pays légal, accorder l'indifférence aux classes lettrées et refuser le désordre aux classes populaires. On rendait justice à la doctrine et à la charité du christianisme, mais en demeurant inquiet et jaloux de ce qui fait l'inspiration, la vie même de l'Église. On honorait l'épiscopat, le clergé des villes et des campagnes, mais on redoutait l'affranchissement et l'apostolat des institutions monastiques.

A la même époque, les résistances catholiques avaient fait la révolution belge, et donné à un gouvernement né d'une émeute une vitalité singulière. Le catholicisme émancipait l'Irlande et lui rendait sa place légitime dans le triple royaume-uni.

L'Église en France ne pouvait être inattentive à ces exemples. Elle les étudia avec sa pénétration profonde; elle se les appropria avec une entière sincérité. Elle comprit qu'il y avait grandeur et sûreté à demander aux forces morales, indépendantes, inaliénables, ce qu'elle ne pouvait plus attendre d'une politique qui avait failli l'engloutir en s'abîmant si près d'elle. Elle se mit en mesure de parler directement à l'opinion et d'en être enten-

due. Sans franchir le seuil du sanctuaire, elle multiplia ses relations avec
cette portion des âmes, nombreuse en
France, nombreuse partout, qui a besoin de trouver dans l'aspect humain
de l'Église des sympathies, pour ainsi
dire, extérieures. Les fidèles, soumis
aux prescriptions de la foi, communi-
quant avec l'Église pour le salut de
leur âme et par la grâce des sacre-
ments, ne demandent à la religion que
ses commandements et ses consola-
tions. Mais de tout temps ceux qui vivent plus nominalement que réellement

dans son sein ont exigé d'autres soins. Ils ont cédé à des affinités avant d'obéir à des préceptes; ce qui flatte ou blesse leur honneur, ce qui les attire ou les repousse comme citoyens, se change alternativement, à leurs yeux, en facilités ou en obstacles, et devient leur grief ou leur attrait.

Il serait injuste de nier, j'en conviens, que l'opinion publique a partout, et surtout en France, des engouements, des mobilités, avec lesquels il est superflu de compter. Mais partout, et en France plus qu'ailleurs, l'opinion publique a des côtés sérieux, appréciables, qu'il est souverainement dangereux de méconnaître ou de mépriser.

De 1830 à 1840, notre pays se croyait bien indifférent et, il eût aimé à le dire, bien supérieur aux controverses religieuses. Toutes ses aspirations, vraies ou faussées, étaient tournées vers la justice et vers la liberté. Rien de plus conforme au penchant de l'Église que de faire appel à ces nobles instincts.

C'est sur ce terrain qu'apparut un athlète qu'on put dire isolé, tant il devança tous les autres par l'ardeur, par le dévouement et par le succès. Le génie de l'éloquence ne lui eût pas suffi, il fallait la témérité de l'inexpérience, la fierté native d'une vieille race, l'élan indomptable d'une foi profonde, la gravité d'une vie chrétienne, pouvant servir, à toute heure, de pierre de touche à la sincérité et d'excuse à la véhémence. Tous ces dons si divers, si rares, qu'ils ne se rencontrent peut-être pas, au même degré et avec le même éclat, dans un seul contemporain, la Providence les avait réunis tous dans un jeune homme de vingt ans.

Pair héréditaire, en possession de la tribune aussitôt qu'il fut en âge d'y monter, et orateur dès son premier discours, M. de Montalembert, que tant d'autres séductions pouvaient atteindre, que tant d'autres ambitions pouvaient entraîner, eut le privilége incomparable de se dévouer, dès le premier jour et sans partage, à la cause de Dieu. Toujours écouté, mais toujours contredit, arrachant quelquefois des applaudissements et jamais un vote à la majorité de ses collègues, M. de Montalembert consacra les quinze années de sa jeunesse à la

lutte la plus brillante, quoique en apparence la plus ingrate, et, en tout cas, la
plus infatigable qui puisse être consi-
gnée dans les annales parlementaires.
Cherchant, avec activité, des auxiliaires
hors de l'étroite enceinte du Luxembourg, créant des journaux, organisant
des comités, nouant des relations en
Pologne, en Allemagne, en Belgique, en
Angleterre, le pupille d'O'Connel, le pré-
curseur, puis l'ami de Donoso Cortez, le
fondateur enfin, l'orateur, l'agitateur de
ce qu'on nomma le parti catholique,
M. de Montalembert mérita de personni-

fier, en France et en Europe, la lutte laïque soutenue au nom de la foi contre tous les préjugés des gouvernements et des peuples.

III

Cette impulsion donna aux études et aux travaux des catholiques une activité qui ne leur était point accoutumée. Des ressources qu'on était loin de soupçonner se révélèrent; des dévouements surgirent de toute part dans le sacerdoce et dans le monde, dans les sciences et dans les lettres, dans la chaire du prêtre et dans celle du professeur. La presse fit écho aux livres, les pétitions firent écho aux livres et à la presse, des électeurs et des députés revendiquèrent ouvertement leur titre de catholiques; l'épiscopat s'émut; bientôt il stimula et bénit le mouvement; le souverain pontife Grégoire XVI daigna lui décerner des assentiments solennels.

Cette lutte imposante touchait à son

apogée; l'opinion publique était émue, la sagacité des hommes d'État avertie; M. Guizot avait fait retentir la tribune d'un magnifique hommage au catholicisme; M. de Salvandy avait déposé un projet de loi sur l'enseignement, précédé d'un lumineux récit historique et d'une large exposition de principes; la discussion du projet allait s'ouvrir, quand éclata la Révolution de février.

On vit alors un phénomène que les catholiques ne peuvent trop profondément méditer, c'est-à-dire un déchaînement de passions révolutionnaires respectant l'Église. La Révolution de février s'élançait du premier coup fort au delà de la Révolution de 1830. La première s'était consommée et renfermée, avec plus ou moins de murmures, dans un cercle constitutionnel; la seconde brisa, dès le premier jour, tout ce qui restait des institutions et des traditions antérieures, déclara la bourgeoisie suspecte, intronisa ce qu'elle appela pompeusement le règne exclusif du peuple, lui mit le fusil à l'épaule èt le constitua arbitre suprême de toutes choses par un suffrage universel sans règle, sans limites et sans contre-poids.

Cette anarchie prolongée et gigantes-que n'eut point de retentissement dans l'ordre religieux ; elle vit surgir au contraire une réaction tout opposée. Elle affecta de rechercher l'assistance de l'É-glise. La popularité, en 1848, sembla se donner pour mission d'expier les ex-cès de 1830. Ceux mêmes des catholi-ques qui usaient de la liberté en en médisant beaucoup, en la méconnaissant quelquefois, reconnurent, non sans sur-prise, qu'elle avait porté des fruits au delà de leur attente. La vie troublée et laborieuse de l'Église, l'habitude contractée par l'épiscopat de compter et de discuter avec l'opinion publique, l'attitude ferme, loyale, des catholiques placés à son avant-garde, le prestige et le retentissement universel du pontificat de Pie IX, amenèrent un résultat, sinon imprévu, du moins supérieur aux espérances. Au moment où toutes les puissances de la terre étaient ébranlées, toutes les institutions fauchées, la propriété mise en question, la puissance de l'Église non-seulement resta debout,

mais resplendit avec une sérénité inal-
térable.

On a voulu, depuis, discréditer et
amoindrir cette expansion du sentiment
religieux en l'attribuant à la peur :
cette assertion mérite examen.

Il existe, en ce monde, deux sentiments fort distincts et qui semblent, au
premier coup d'œil, porter le même
nom : la peur et la crainte. L'une est un
sentiment irréfléchi et bas; elle ne donne
que des conseils analogues à sa nature.
L'autre est un sentiment réfléchi et noble; il inspire des pensées et des réso-

lutions que peuvent scruter tous les regards et avouer tous les courages. La peur commence par aveugler ceux dont elle s'empare; la crainte avertit, éclaire et fortifie ceux qu'elle dirige. La peur est coupable d'une grande partie des crimes et des hontes de 93. Si la France avait pu les prévoir et les craindre, ils n'eussent jamais souillé notre histoire. Un homme n'avouera jamais la peur pour lui-même, pour sa fortune, pour sa vie; mais il montera à une tribune et dira fièrement : Oui, je crains vos conseils pour mon pays, je tremble

à la vue des maux que vous allez dé-
chaîner sur la patrie.

Confessons-le donc en toute humi-
lité, les deux sentiments purent agir sur
la France en 1848 ; mais la peur et ses
impressions éphémères disparurent avec
la tempête, les mâles inquiétudes de la
crainte ne se sont point dissipées et de-
meurent.

Paris avait vécu, quelques mois,
comme la Sicile, sous la menace inces-
sante d'un volcan. Certains esprits n'ont
fait qu'entrevoir la vérité à la lueur de
ses flammes rapides et sinistres, d'au-

tres n'ont point ralenti le retour commencé sur eux-mêmes; ils ont continué à méditer et sont arrivés à comprendre le sens austère et consolateur du christianisme. Oui, trop de découragement aux jours de péril, trop d'oubli aux jours de passagère sécurité : tels sont les deux extrêmes entre lesquels flotte, aux époques de crise, l'imagination des peuples. Mais, de ces ébranlements et de ces oscillations mêmes, résulte peu à peu une moyenne d'opinion plus sage, plus clairvoyante, plus généreuse. Cette moyenne se dégagea promptement des terreurs et des agitations diverses de la Révolution de février. Elle put être et elle fut le point de départ avoué, la base solide d'une politique nouvelle. Le parti catholique en salua l'avénement.

Il le fit avec dévouement et abnégation. Sous le dernier règne, l'isolement était sa condition nécessaire; en 1848 les rôles s'étaient rapidement transformés : tout l'invitait et le conduisait aux rapprochements. Sous le dernier règne, les partis politiques étaient ardents et tranchés : les catholiques avaient tenu et dû tenir à se constituer à l'écart. Pour peu

qu'on réfléchisse sur la situation religieuse contemporaine de la Révolution
de juillet, on reconnaîtra que les catholiques ne pouvaient exister, agir sur
eux-mêmes et sur les autres qu'à ce
prix. Mais, à partir du 24 février, les
préoccupations dynastiques cédèrent le
pas aux préoccupations sociales. Le mal
ignoré, nié ou incomplétement reconnu,
apparut alors dans sa cruelle évidence.
Tous les esprits sincères et honnêtes se
sentirent enclins à délaisser les straté-
gies diverses qui les avaient jusqu'alors
irrités et épuisés. Ils se rencontrèrent,

ils se recherchèrent les uns les autres,
non plus pour disserter de leurs vieilles
querelles, mais pour s'entretenir en
commun des moyens d'une vaste recon-
struction sociale. Le parti catholique ne
pouvait refuser de répondre à cet appel.
Travailler à la conclusion d'une solide
paix en conservant les allures et les habitudes de la guerre, c'eût été se poser
à soi-même un problème insoluble.

Et, d'ailleurs, on avait dû s'avouer
plus d'une fois que la constitution d'un
parti catholique en France, quels qu'en
fussent les chefs et les principaux per-

sonnages, reposait sur des données essentiellement transitoires. Le nom de parti avait été, à lui seul, l'objet d'innombrables commentaires. Ce mot désigne, dans son acception véritable, une association fortement organisée défendant, en dehors de la situation générale, une situation particulière ; en dehors des intérêts communs, un intérêt distinct. Les catholiques, grâces au ciel, ne pouvaient en être réduits là, en France, d'une façon normale et permanente. Ils formèrent une agrégation d'une nature tout accidentelle. Le parti catholique représentait des hommes divisés sur les questions politiques, unis sur les questions religieuses, assemblés aujourd'hui pour combattre un péril, séparés demain si le danger s'éloignait ou si le but était atteint, et rentrant simplement dans les rangs de la milice universelle et éternelle du bien contre le mal.

La principale base d'action du parti catholique était la législation électorale de 1850. Vingt ou trente votants par colléges décidaient fréquemment d'une élection. La majorité des censitaires re-

doutait le voisinage du clergé et l'ex-
cluait de ses comices; mais un petit
nombre de voix ouvertement religieuses, quelques hommes étroitement ser-
rés les uns contre les autres, en face des
divisions politiques de plus en plus ardentes, exerçaient une influence considérable et quelquefois décisive. Cet ingénieux échiquier fut tout d'un coup
bouleversé par le suffrage universel. Ce
n'est pas ici le lieu d'énumérer les mé-
rites ou les vices d'une transformation
électorale sans exemple; je me borne-
rai à constater qu'à l'insu sans doute du

législateur d'alors, elle devait produire un résultat favorable au catholicisme.

Dans un grand nombre de départements, les populations rurales marchèrent aux élections de la Constituante en escortant leurs curés. Partout l'épiscopat dirigea le clergé, et la République lui offrit ce qu'elle estimait le plus, des titres de représentants et l'accès à la tribune. De simples ecclésiastiques, un religieux, trois évêques, furent députés à l'Assemblée. Les influences régulières du clergé et sa hiérarchie semblaient recouvrer leur empire. La cause religieuse redevenait la cause de tous et re-prenait ses guides naturels. Les laïques furent, de ce moment, déchargés d'une grande part de responsabilité. M. de Montalembert et ses amis le comprirent ainsi. Ils conformèrent leur conduite à cette indication avec une joie profonde et un grand allégement de conscience.

Dès que l'Assemblée constituante fut en état de se rendre compte d'elle-même, il fut visible que les hostilités religieuses ne partiraient plus que des rangs où siégeaient les ennemis de la société et du christianisme, pris en bloc. De ce côté, les questions mises à l'ordre du jour avaient le caractère d'exagération, d'incohérence, d'impossibilité pratique, qui marquait et frappait d'impuissance leurs conceptions dans l'ordre politique et financier. Il devint promptement hors de doute que la masse de l'ancien parti libéral et une notable fraction même des républicains modérés ne laisseraient pas faire brèche, sur ce point, à la digue derrière laquelle chacun veillait à son poste. L'occasion de vérifier la portée des bons et des mauvais vouloirs ne tarda pas à s'offrir.

L'Assemblée constituante, dans l'é-
numération des principes qu'elle vou-
lait poser en tête de son œuvre, rencontra le principe de la liberté d'enseignement. Cet article suscita les plus vives
résistances sur quelques bancs. C'était
là qu'on allait faire le premier essai de
la fermeté de la majorité. Le débat fut
long, mais froid. Les dépits et les passions de la Montagne n'éveillèrent point
d'adhésions; elles ne provoquèrent pas
non plus la répulsion haute et nette de
convictions bien enracinées. Une résignation un peu embarrassée se trahis-

sait sur les physionomies. Néanmoins le principe fut voté. Il était aisé de s'apercevoir que le fruit de l'arbre nouveau n'arriverait pas à maturité sans soucis ni labeur.

Le paragraphe inséré dans la constitution était suffisant comme déclaration de principes et comme pierre d'attente. Il ne s'agissait plus que de se bien résoudre à dissiper les difficultés encore subsistantes, et surtout à n'en pas soulever de nouvelles dans l'intervalle qui s'écoulerait entre la rédaction théorique et son application.

La Constituante avait à peine ébauché la constitution, qu'elle se trouva, et les catholiques avec elle, en présence d'un événement de la plus haute portée, l'élection du Dix décembre.

IV

Cette phase de nos révolutions appartient désormais à l'histoire; je puis donc
sans péril et sans réticence en esquis-
ser les traits qui se rapportent à mon

sujet. Le pouvoir actuel a donné lui-même à tous l'exemple, la mesure et la garantie, en publiant officiellement le recueil des discours et documents émanés du Président, dans toute la durée de l'ère républicaine. Je n'ai d'ailleurs, en me reportant à cette époque, aucun frein à m'imposer. Son souvenir ne peut m'inspirer que de la reconnaissance et ne me dictera que des expressions respectueuses.

Que promettait aux catholiques la candidature du prince Louis-Napoléon Bonaparte? Que leur apportait-elle de nouveau ? Une force ou un obstacle ?

Cette candidature posée, des hommes politiques, en assez grand nombre, voulurent, avant de se prononcer pour ou contre elle, entrer en relation avec le prince. La plupart le firent isolément, chacun à son heure, selon sa préférence ou son hésitation. M. Molé, de si regrettable mémoire, M. Thiers, n'entrèrent en pourparlers que dans des rencontres rares et concertées. Des dissidences très-vives se firent jour entre le prince et eux, à l'occasion du manifeste électoral sur lequel il avait voulu appeler leurs conseils, et l'accord polique sembla plus d'une fois, des deux parts, sur le point de se rompre. M. Berryer, dont les relations avec le prince Louis dataient de la conciergerie du Luxembourg, garda la réserve que lui imposait une vie tout entière vouée à la défense d'un seul principe qu'il revendiquait pour le salut des libertés du pays et qu'il sentait menacé. Le prince n'eut qu'un entretien avec lui avant son élection. Cet entretien eut lieu dans une des salles intérieures de l'Assemblée, où tous deux marchèrent longuement côte à côte, sous les yeux de

leurs collègues attentifs à cet incident.
M. de Montalembert eut plusieurs entre-
tiens avec le prince. Il stipulait là, comme
ailleurs, pour la liberté religieuse. Toutes les idées patriotiques et sages furent
agitées dans ces audiences confidentiel-
les; toutes les paroles utiles à la France
y furent prononcées; tout ce qui pouvait naître des préoccupations du présent et de l'avenir s'y fit jour : tout,
excepté l'ambition personnelle. Chacun
de ces patrons honoraires de l'ordre public n'apportait et ne demandait que des
indications désintéressées, des gages de

concorde, des sûretés pour le pays; aucun d'eux ne rencontra une confiance absolue, ni ne promit un concours sans réserve. Le prince, expansif sur les données spéculatives du gouvernement, sur les libertés publiques, sur la décentralisation, plein d'égard pour les engagements contractés dans les longues carrières et dans les vieilles luttes de la patrie, demeurait impénétrable sur ce qu'on eût pu nommer un plan arrêté. Il ne laissait percer qu'une intention toujours formelle, quoique vague, celle de se placer sur un terrain nouveau et d'appeler, dans les limites de la constitution actuellement élaborée, le concours de tous les bons vouloirs, sans acception d'origine. Hors de là, il ne songeait pas plus à formuler des conditions qu'il ne s'en laissait imposer. Ses projets, on peut l'affirmer, n'étaient pas mûrs dans son esprit; il promenait ses regards sur la sphère républicaine et parcourait lentement toute l'étendue de l'horizon. En même temps qu'il témoignait son estime aux chefs avoués de la majorité, il ne cachait pas ses sympathies pour les re-présentants d'opinions différentes. Enfin il était évident qu'entre tous ces interlocuteurs divers il réservait le résumé et la clôture du débat à celui qui ne pouvait parler que le dernier, le temps.

La formation du cabinet fut laborieusement discutée dès que l'élection du Dix décembre prit le caractère de la probabilité. Le prince n'était éloigné ni de M. de Lamartine, ni de M. Jules Favre, dont le nom fut plusieurs fois prononcé. Ce n'est pas que le futur président de la République voulût accepter indistinctement des méthodes de gouvernement, des

doctrines ou des caractères si dissembla-
bles; mais il croyait aisément à la possibilité d'encadrer dans son large program-
me beaucoup d'hommes et beaucoup de
choses; il pensait que le nom de Napoléon
offrait assez de sécurité à l'ordre pour per-
mettre de risquer impunément beaucoup
de tentatives et beaucoup d'avances en
sens contraire. Il était évident que son esprit redoutait moins le reproche de témérité que celui de routine, et qu'enfermé
dans un dilemme trop resserré il eût pré-
féré un abîme à une ornière. Le ministère
tel qu'il parut au *Moniteur*, le 20 dé-

cembre, était à peine arrêté à la veille d'être promulgué.

Il était composé de MM. Odilon Barrot, ministre de la justice et président du conseil; Drouyn de l'Huys, ministre des affaires étrangères; général Rulhières, ministre de la guerre; de Tracy, ministre de la marine; de Malleville, ministre de l'intérieur; Passy, ministre des finances; Bixio, ministre de l'agriculture et du commerce; Léon Faucher, ministre des travaux publics [1].

[1] Peu de jours après, M. de Malleville et M. Bixio avaient donné leur démission : M. de

A la surprise de beaucoup de gens et surtout à la mienne, je recevais le porte-feuille de l'instruction publique et des cultes.

Des neuf membres qui composaient le cabinet, un seul avait eu des relations suivies avec le prince Louis, c'était M. Odilon Barrot. Les autres membres du cabinet étaient non-seulement étrangers au prince et à tout antécédent napo-léonien, mais plusieurs même d'entre eux avaient déposé leur bulletin contre

Malleville fut remplacé par M. Faucher, M. Fau-cher par M. Lacrosse, M. Bixio par M. Buffet.

sa candidature. Tous ces noms réunis donnaient aux hommes et aux sentiments de l'ancienne gauche les garanties les moins équivoques, aucune au parti catholique. Je lui appartenais notoirement, il est vrai; mais ce n'est pas à ce titre que j'avais été choisi. Loyalement, affectueusement accueilli par mes huit collègues, nous n'en sentions pas moins sur quels points nous étions séparés. Le choix de M. le président avait été attiré sur moi dans des vues que ne contrariait pas ma couleur religieuse, mais où la politique réclamait cependant la plus large part.

Du reste, tout était indéfini et sans précédent : les attributions, les devoirs, les pouvoirs; tout était nouveau et inconnu: le terrain, les idées, les visages; au faîte du gouvernement, M. le président, évitant de se prononcer sur l'avenir, laissant flotter le présent sous une direction en apparence impassible et distraite, s'occupant plus des idées que des hommes, des symptômes de l'opinion que des rouages de la constitution, écoutant beaucoup, discutant très-peu, non par insouciance, comme plusieurs le supposèrent alors, mais par une attente paisible de sa destinée. Accoutumé à voir les événements déjouer la prévision des sages, indifférent à se voir mal compris et mal jugé, s'appliquant à user les résistances plus qu'à les vaincre, il visait à s'approprier les bénéfices de la temporisation; mais il ne pouvait le faire sans les abandonner aussi à tout le monde : chacun était mis en demeure et en état d'en user de même; rien ne ressemblait moins à une solution que cette courte trêve, où tout ne s'ajournait que pour se mieux préparer.

Quant aux ministres, ils avaient pour faiblesse la nouveauté des contacts, l'incohérence des antécédents; pour force, l'homogénéité de la loyauté et de la droiture. Prudents par tempérament, ils l'étaient encore par nécessité; ils avaient, avant d'entrer en campagne, à s'apprendre eux-mêmes, à constater le véritable sens du mouvement national qui venait de se produire, à pénétrer le personnage demi-souverain qui allait présider à tous leurs actes, leur prêter ou leur refuser sa sanction.

V

Si le parti catholique s'était fait alors
l'illusion de croire qu'il était entré au
pouvoir pleinement et régulièrement,
avec une majorité résolue à le soutenir

et à le suivre, parce qu'il y comptait un représentant, il eût été immédiatement et rudement averti de sa méprise.

Ceux qu'envoloppaient alors ces diffi-cultés ne pouvaient s'y tromper, et l'on va voir, par un court résumé des faits, s'ils s'en exagéraient l'étendue.

L'Assemblée constituante comptait neuf cents membres; la liberté de l'en-seignement, largement comprise, réso-lûment voulue, comme le premier mode de salut de notre pays, ne réunissait pas deux cents votes. Cette faiblesse numé-rique ne fut que trop bien constatée par le sort des amendements proposés sur l'article 9 de la constitution. Celui qui, par sa rédaction et le nom de son auteur, M. de Tracy, réunissait le plus de chances de succès, obtint cent quatre-vingts voix.

Cependant les vices de l'éducation purement universitaire, tels que venaient de les révéler tant et de si pressants périls, rapprochaient de ces deux cents voix beaucoup de representants dont on ne pouvait calculer au juste le nombre, mais dont il était aisé de pressentir le concours, en les appelant eux-

mêmes à constater le mal et à en chercher le remède. Le premier devoir était
donc de se concerter avec ces différentes fractions de la majorité. Il importait
de le faire en vue du scrutin, dont on
ne pouvait alors détourner le regard,
sous peine de se montrer insensé. Il
importait de le faire aussi en dehors du
scrutin, en vue de ce concours de l'opinion sans lequel une loi, et surtout une
loi d'une telle nature, dépérit, même
inscrite dans nos codes, sans prendre
racine dans les mœurs.

Solliciter le partage des labeurs, invoquer les solidarités, c'était se créer la nécessité de la condescendance ; mais c'était aussi, pour le jour de la lutte, s'assurer le concours de volontés et l'alliance d'efforts dont nul ne pouvait se passer. Plus on attache de prix aux heureux effets d'une mesure, plus on doit s'efforcer de lui conquérir la vie. Or, dans toute assemblée, la vie, c'est le vote.

Restait enfin un dernier sentiment, celui de la brièveté du temps qui nous était donné à tous pour une telle œuvre. Depuis l'élection du Dix décembre, la République n'était plus qu'un mot ; la France venait de porter contre elle un verdict presque unanime ; son intégrité ressemblait à celle de l'empire ottoman, prolongeant une vie fictive par l'impossibilité de régler à l'amiable son héritage. C'était ce malade que les successeurs divisés s'appliquent eux-mêmes à maintenir dans les apparences de la vie, jusqu'à ce que le plus impatient d'entre eux étende la main, rompe l'accord et jette le gant. Personne ne pouvait prévoir, et les ministres pas plus qu'aucun autre, combien durerait, en France, cette situation bizarre, cette suspension d'hostilités toujours imminentes ; mais ce que tout le monde savait ou devait savoir, c'est que, du jour où les conflagrations politiques s'allumeraient, les solutions religieuses seraient de nouveau et indéfiniment ajournées.

Le ministère était entré en fonctions dans les derniers jours de décembre 1848. Le *Moniteur* du 4 janvier 1849 contenait deux rapports à M. le président de la République, précédant et motivant la nomination de deux commissions chargées de préparer une loi sur l'instruction primaire et une loi sur l'enseignement secondaire ; un troisième décret retirait des bureaux de l'Assemblée un projet de loi présenté par M. Carnot. Il n'en fallut pas davantage pour soulever les tempêtes. Un ordre du jour, portant condamnation du ministre de l'instruction publique, fut proposé et rejeté. Ce rejet n'était dû qu'à l'impossibilité constitutionnelle de frapper un ministre uniquement parce qu'il avait retiré un projet de loi. Mais le général Cavaignac avait emporté les regrets intimes de l'Assemblée, et toute occasion semblait bonne pour le témoigner au cabinet. La gauche se prit à soutenir que la loi de l'enseignement, étant une loi organique, ne pouvait être que l'œuvre de l'Assemblée elle-même : elle demanda que l'exercice de cette prérogative eût lieu sans délai. Cette seconde proposition fut accueillie, et l'Assemblée institua une commission chargée de préparer de son côté une loi organique de l'enseignement. On connaîtra l'esprit de cette commission et par conséquent de la majorite de l'Assemblée à cette date, en se rappelant qu'elle se donna M. de Vaulabelle pour président, M. Jules Simon pour secrétaire.

Ainsi le premier acte de ce qu'on a appelé l'esprit de transaction et de timidité catholique fut d'entrer, dès le premier jour, en lutte à outrance avec une assemblée omnipotente, irritée de l'avortement de ses espérances politiques, investie d'un mandat indéterminé et d'une durée indéfinie, qui n'avait qu'un vote à émettre, dans un moment de précipitation ou de colère, pour briser toute œuvre ou tout homme lui faisant obstacle.

Cette situation causa tant d'alarmes à quelques esprits, que deux membres de l'Assemblée, qui avaient donné lieu de compter sur leur consentement, se retirèrent de la commission ministérielle après cette démonstration hostile. Ils ne furent point remplacés, et les deux commissions se réunirent en une seule.

Un partisan notoire de la liberté religieuse, entrant pour la première fois dans un ministère, avait à opter entre

deux lignes parfaitement distinctes :
laisser subsister l'enseignement de
l'État, sans s'en mêler, sans y toucher,
et autoriser l'Église, par le petit nombre
de mesures qui dépendaient uniquement
de la signature ministérielle, à créer
au sein du pays de petites oasis d'éducation catholique; ou bien entreprendre d'une façon plus régulière et plus
efficace la réforme de l'enseignement
public, en y comprenant l'enseignement de l'État. Le premier de ces deux
modes était le plus simple, il éludait
les rencontres avec l'Assemblée, il

échappait aux contradictions et aux contrôles ; mais, à part mille autres inconvénients, il avait surtout celui de la fragilité. Né d'une volonté ministérielle, il pouvait et devait disparaître avec elle. Le succès le plus naturellement enviable est le succès près de ses amis, l'applaudissement de ceux qui ont mis en vous leurs vœux, qui vous ont porté et grandi par leur adhésion. En prêtant l'oreille à cette séduction, la loi de l'enseignement eût été courte et aisée à formuler. On se serait flatté d'attacher son nom, comme le promettait

plus d'un conseiller bénévole, à un mo-
nument digne de la postérité. En réalité,
on n'aurait fait qu'une chose, on aurait enseveli un document de plus dans
l'énorme carton des projets avortés depuis soixante ans. On serait tombé, au
bout de quelques semaines, non-seulement avec le reproche de sa conscience,
mais sous les sévérités et le blâme de
ceux qui eussent mieux aimé s'en prendre à tout autre qu'à eux-mêmes de
l'irrémédiable échec de leur conseil
suivi.

Le second parti était plus complexe,

exposé à plus d'obstacles, mais compensait ces obstacles par l'étendue et la solidité. En entreprenant de faire pénétrer les salutaires influences de la religion dans l'enseignement général de la société, on rencontrait tout d'abord le contact de l'Université, corps puissant, contenant, mêlés à des vices et à des lacunes, des éléments fortement organisés, en vieille et large possession de l'instruction publique; on rencontrait, du même coup, la nécessité de tenir compte de l'état de la société elle-même, de lois et de mœurs qui n'é-

taient nullement préparées à une réforme radicale.

Faire rentrer les jésuites en France à
la hâte, pêle-mêle avec les saint-simo-
niens et les socialistes, dans une ba-
gare républicaine de courte durée,
pouvait causer la joie de quelques âmes
et nourrir l'illusion de quelques jours.
Cela ne pouvait se proposer aux esprits
réfléchis comme un but durablement et
sérieusement atteint. A quoi servait d'ouvrir çà et là quelques maisons exclusivement religieuses, si ces maisons, bâ-
ties pour ainsi dire à l'écart, demeu-

raient stigmatisées par l'antipathie opiniâtre de la société industrielle, administrative et gouvernementale? Ne valait-il pas mieux s'efforcer d'éteindre enfin et de détruire ces préjugés funestes, s'engendrant de génération en génération, depuis un siècle, pour la ruine successive de toutes les institutions et de tous les gouvernements? Et cet ennemi subtil, infatigable, à qui appartenait-il de le saisir et de le terrasser? Ne fallait-il pas appeler contre lui le secours des hommes dont la voix ne lui était pas suspecte et qui, en se déclarant eux-mêmes éclairés et convaincus, pouvaient seuls éclairer et convaincre ceux qui avaient contracté l'habitude de les entendre et de les suivre?

Qu'on veuille bien aussi, se reportant de quelques années en arrière, se demander quels étaient le nombre et la classe des parents prêts à confier leurs fils aux écoles ostensiblement et exclusivement catholiques. C'étaient les parents déjà catholiques eux-mêmes, amenant des enfants dont le berceau avait été béni par la religion et qui avaient aspiré pour ainsi dire la foi dans les leçons, si ce n'est dans les exemples de la maison paternelle. Ces enfants-là forment et formeront encore longtemps une catégorie à part dans une société telle que la nôtre; et ce sont précisément ceux qui trouvent déjà la religion habitant leur foyer qui courent le moins de péril sur les bancs du collége. Si le bienfait de la législation nouvelle ne s'était étendu que sur eux, ce bienfait, quelque grand qu'il eût été en lui-même, n'eût produit que des effets imperceptibles par rapport à l'ensemble de la nation. Or est-ce le rôle de l'Église, dans un pays comme la France, de se borner à former de petites phalanges sacrées? Est-ce le rôle des catholiques de se cantonner d'avance et d'eux-mêmes dans un coin de la société française? Cela peut être imposé à l'Église comme un sacrifice, comme une épreuve, cela répugne à son esprit large et à son cœur maternel. Catholiques zélés ou tièdes, fidèles ou infidèles, catholiques de routine et d'habitude, catholiques militants et apôtres volontaires, catholiques qui l'étaient hier et ne le sont plus aujourd'hui, catholiques qui ne le sont pas aujourd'hui et le seront peut-être demain, l'Église nous tient tous pour ses enfants; des enfants qui l'affligent ou la réjouissent, qui la défendent ou l'abandonnent, qui se sauvent ou se perdent, mais des enfants tous enveloppés dans son amour, tous compris dans sa sollicitude. Ces nuances, quelque malheureuses qu'elles soient, ne se tranchent pas par des actes législatifs; elles ne relèvent ici-bas que du tribunal secret de la pénitence et sont inscrites dans le livre également mystérieux des jugements divins. La mission de lancer la première pierre n'a été confiée à aucun d'entre nous; le chrétien qui en aurait le droit est précisément celui qui ne la jette jamais. Quel profit, quel triomphe, quelle joie poursuivons-nous, quand nous forgeons entre catholiques les séparations officielles auxquelles sont condamnés entre eux les puritains d'Angleterre et les méthodistes d'Allemagne?

L'Église n'est point une secte, c'est une famille et une patrie. Quand on veut la servir à son exemple et selon ses vues, c'est l'expansion qu'on ambitionne pour elle. On s'applique à lui faire prendre, dans l'éducation et le gouvernement de toutes les âmes, la part qui se concilie, dans l'intérêt même de la foi, avec le respect des consciences, le droit public et l'état général de la nation. On ne la cantonne pas dans de petites citadelles; on ne l'emprisonne pas dans les murs de quelques places fortes; on ne rêve pas pour elle, comme un bien idéal, le sort des protestants sous l'édit de Nantes, en attendant qu'il fût révoqué.

Et, en effet, quelques milliers de

jeunes gens d'élite, élevés, à force de soins et de sacrifices, à l'abri d'une corruption générale, ne parviendraient pas sans miracle à réformer leur patrie. Mais de ces réformateurs eux-mêmes serait-on bien sûr? Ces jeunes reclus, si laborieusement préservés dans leur adolescence, se préserveront-ils toujours eux-mêmes, une fois arrivés à l'âge et à la liberté d'homme, si tout ce qu'ils rencontrent dans la vie se ligue pour dénigrer les principes de leur éducation? Quel empire n'exercera pas sur les jeunes gens la crainte de se voir interdire les services publics, l'avancement, les cordiales camaraderies? Les parents eux-mêmes seront-ils plus que les enfants exempts de cette faiblesse? Il ne suffit donc pas, pour sauver une nation, que l'éducation des familles d'élite soit irréprochable au point de vue religieux; il faut aussi que, dans tout ce qui est légitime, l'éducation se mette en rapport avec le milieu social qui attend l'homme au sortir de la jeunesse. Gardons-nous qu'il ait jamais à rougir de ses maîtres, qu'il soit tenté de leur imputer jamais son infériorité dans le barreau, dans l'armée, dans quelque carrière que ce soit. Élever les jeunes gens au dix-neuvième siècle comme s'ils devaient, en franchissant le seuil de l'école, entrer dans la société de Grégoire VII ou de saint Louis, serait aussi puéril que d'élever à Saint-Cyr nos jeunes officiers dans le maniement du bélier et de la catapulte, en leur cachant l'usage de la poudre à canon.

Les deux manières de réformer l'éducation en France étaient donc radicalement opposées. Dans le premier système, on s'imagine qu'on matera la société par le collége, l'homme par l'enfant, et on les place dans une sorte de duel permanent l'un vis-à-vis de l'autre. La seconde méthode reconnaît, dans les impressions du collége, un des germes principaux de la vie morale, l'initiation la plus délicate et la plus importante, mais ne croit pas que la sagesse et la prévoyance doivent se renfermer dans cette unique enceinte; elle cherche les gradations entre le collége et le monde, l'harmonie entre le collége et la société, entre la société et l'Église.

La composition de la commission intituée par le ministre indique, au premier coup d'œil, que le choix avait été résolûment fait en faveur du parti le plus laborieux, mais le plus efficace. Toutes les opinions consciencieuses y avaient leur organe. Aucune majorité systématique ou oppressive n'y avait été combinée d'avance. Les convictions étaient obligées d'y plaider leur cause et n'y pouvaient remporter de victoire que par la force de leurs démonstrations. Aucune ne pouvait se plaindre d'un déni de justice préconçu. Le vote définitif de ces avis indépendants pouvait tromper quelques attentes; mais on avait du moins le droit d'espérer qu'il représenterait l'état réel des opinions du pays et la mesure exacte de ce qu'on pouvait proposer à sa sanction.

Les membres de la commission, qui avaient professé de tout temps leurs convictions en faveur de la liberté d'enseignement, étaient M. l'abbé Dupanloup, M. l'abbé Sibour, MM. de Montalembert, de Corcelles, de Melun, de Riancey, Fresneau, Cochin, de Montreuil. L'Université y était représentée par MM. Cousin, Saint-Marc Girardin,

Dubois, Poulain de Bossay. M. Lauren-
tie, directeur de l'*Union*, M. Roux-La-
vergne, rédacteur actif et quotidien de
l'*Univers*, représentaient les deux journaux qui avaient le plus hautement re-
vendiqué la liberté d'enseignement. La
partie flottante ou neutre, portant tour
à tour son appoint à sa droite ou à sa
gauche, comptait MM. Freslon, ancien
ministre de l'instruction publique sous
le général Cavaignac ; Janvier, conseiller d'État ; Cuvier, pasteur protestant ;
Peupin, représentant ; Michel et Bella-
guet, président de l'Association des

chefs d'institution du département de la Seine. Aucune couleur politique n'avait été ni exclue ni préférée pour une œuvre qui n'en devait pas porter la moindre trace.

La présidence de la commission était réservée au ministre ; la commission nomma M. Thiers vice-président. C'était lui en effet qui devait exercer et exerça réellement l'action la plus directe sur l'œuvre commune. Assidu à toutes les séances, ardent à toutes les enquêtes, M. Thiers déploya durant trois mois un infatigable dévouement, et la douleur patriotique qui jaillit du fond de son âme révélait un intime sentiment de l'état moral du pays.

Assailli, en sens contraire, par les lumières de son grand esprit et par de chères et paternelles illusions, M. Cousin combattit souvent M. Thiers corps à corps. Néanmoins, quand il s'agissait de sonder les plaies de la société moderne, nul ne le surpassa en fécondité d'aperçus et d'éloquence. Il repoussait le mode, non le but; en dehors de la commission, il faisait cause commune vec M. Thiers pour la défense du chrislianisme et pour la restauration du saint-siége.

M. Saint-Marc Girardin n'avait à vaincre ni ses antécédents ni lui-même; c'était le trait d'union de toutes les nuances difficiles à rapprocher, et, quand l'esprit de conciliation eut besoin de l'esprit pratique, la délicatesse de ses inspirations ne fit jamais défaut.

MM. de Corcelles, Sibour, de Melun, de Riancey, Fresneau, Cochin, se groupaient en une seule phalange avec M. de Montalembert et M. l'abbé Dupanloup.

M. de Montalembert, pour la première

fois, goûtait la jouissance de se sentir appuyé sur un terrain large par toutes les forces vives de la grande croisade du bien, et M. Dupanloup, dont la place avait été marquée d'avance par le noble pressentiment qui, en pleine ardeur de nos luttes, lui faisait intituler un livre : *de la Pacification religieuse*, put laisser parler à l'aise son cœur de prêtre et son zèle d'apôtre.

Quelques-unes de ces séances à huis clos s'élevèrent à la hauteur des plus mémorables scènes de l'Assemblée. Les esprits y apportaient moins d'apprêt, les cœurs plus d'abandon. On peut affirmer que, de ces investigations profondes, de ces rapprochements où les pensées se pénétraient jusque dans leurs intimes replis, naquirent ces hautes inspirations pour la défense du saint-siége, qui firent tant de fois monter M. Thiers à la tribune et lui donnèrent pour auxiliaires la plupart de ses anciens amis de la presse libérale.

Souvenirs que j'aurais été tenu de rappeler en tout temps, mais sur lesquels me forcent d'insister de révoltants oublis; souvenirs qui n'interdisent ni

les dissidences ni les séparations ultérieures, mais qui devaient imposer à
toujours le ton et l'attitude que l'on
garde, quoi qu'il survienne, envers ceux
vis-à-vis desquels on a contracté d'inef-
façables obligations. Quelques-uns d'entre nous aiment à déclarer qu'ils ne sont
ni mondains ni politiques. Il n'y a pas
là de quoi se vanter. L'assujettissement
aux convenances, l'observation des divers incidents de son siècle, sont, dans
tous les temps, choses moins facultatives
qu'on ne le suppose pour s'en affranchir.
Mais peu importe ici : la reconnaissance

est une loi qui ne dérive ni du monde ni de la politique; elle appartient stricte-ment à l'ordre moral; nul ne s'y sous-trait sans dommage pour soi et sans scandale pour autrui. C'est le monde précisément qui pratique et qui absout l'ingratitude. Vous agissez comme lui au moment où vous parlez contre lui.

Après une délibération générale qui ne dura pas moins de plusieurs semai-nes, la commission appela dans son sein les chefs de corporations religieuses, d'institutions universitaires, et les con-sulta minutieusement.

Durant le cours de cette longue exploration, les événements politiques marchaient rapidement. M. de Corcelles quittait la France pour aller achever, près du souverain pontife, fugitif à Gaëte, une négociation où la persuasion et la confiance devaient tant obtenir dans la bouche d'un tel négociateur. L'Assemblée constituante, un jour se débattant pour faire avorter l'expédition romaine, un jour pour prolonger sa propre existence, avait fini par s'épuiser dans les convulsions de son agonie; elle ne pouvait plus trouver en elle-même, à ses derniers moments, d'autre énergie que celle de la mauvaise grâce. Elle avait cédé, en murmurant, la place à l'Assemblée législative ; mais les sociétés secrètes voulurent transformer son murmure en révolte. Elles se brisèrent contre l'épée du général Changarnier et s'évanouirent hâtivement, le 13 juin, sans livrer bataille. Un remaniement ministériel avait lieu ; M. Dufaure entrait au ministère de l'Intérieur, M. de Tocqueville, aux Affaires étrangères, M. de Lanjuinais, à l'Agriculture et au Commerce.

Le 18 juin, fut déposé sur le bureau du président le projet de loi de l'enseignement. Une première embûche l'attendait déjà.

Le titre de loi organique autorisait à se dispenser de la consultation préalable du conseil d'État, composé alors des débris de l'Assemblée constituante; mais ce qui portait à craindre l'intervention de ce corps la rendait désirable aux adversaires de la liberté religieuse. La gauche se plaignit aussitôt que le projet de loi eût été soustrait à l'avis préalable du conseil d'État. L'Assemblée, en proie à d'autres émotions, prêta peu d'attention à ses orateurs et laissa le président, M. Dupin, renvoyer l'objection à la commission saisie du projet lui-même.

La composition de cette commission fut une sanction éclatante du projet de loi. Ses principaux collaborateurs dans la commission ministérielle y furent élus et fortifiés par l'adjonction précieuse de défenseurs anciens et éprouvés des mêmes principes : Mgr l'évêque de Langres, M. Beugnot, M. de Sauvaire-Barthélemy, M. l'abbé de Lespinay, M. du Fougeray. Comme la commission ministérielle, la commission parlementaire nomma pour président M. Thiers.

Le projet de loi ne visait point à détruire l'Université ; il n'avait d'autre but que d'y introduire des améliorations indispensables et de lui susciter loyalement, dans l'intérêt général de la société et selon l'option des familles, toutes les concurrences légitimes, notamment celle du clergé.

On recourait, pour y parvenir, à deux moyens principaux : on ouvrait les conseils et les rangs mêmes de l'Université à tous les éléments que l'on jugeait salutaires; on affranchissait, en dehors d'elle, les institutions libres qu'elle avait jusqu'alors ou comprimées ou empêché de naître; et ici ce n'était pas seulement la préoccupation du vote, c'était la force des choses qui nous avait tracé ces limites. Substituer brusquement un clergé déshabitué d'enseigner, garrotté d'étroits liens, à une Université largement privilégiée, en possession de longues préparations; faire soudainement apparaître une soutane partout où il y avait un frac, ce n'eût pas été seulement prendre la forme pour le fond, c'eût été constituer un mal énorme et certain, c'eût été faire calomnier, par une contrefaçon trompeuse, et informe comme presque tout ce qui est improvisé, l'enseignement religieux tel qu'il peut être quand le temps et les vocations lui ont prêté leur force.

Ainsi le conseil supérieur de l'Instruction publique était maintenu; mais sa composition était complétement modifiée. Ce conseil s'appuyait jusqu'alors, pour toute la surface du territoire, sur un petit nombre d'académies et de rectorats correspondant à peu près aux ressorts des cours d'appel. Le nouveau projet créa un recteur et un conseil académique par département. La surveillance ne s'exerçait plus de Paris sur des circoncriptions infiniment trop étendues; le contrôle s'appliquait, avec toute garantie de certitude et par conséquent d'efficacité, du chef-lieu de département seulement sur le département lui-même. Chacun des grands intéressés à l'ordre social y était représenté par ses mandataires les plus élevés: l'évêque, le préfet, les conseillers généraux. Cette composition du conseil départemental réalisait enfin, du moins en ce qui touchait l'enseignement, cette décentralisation toujours promise et toujours éludée. La loi conviait la société à sortir de sa torpeur pour remplir elle-même ses plus impérieux devoirs. Les hommes qui présentaient cette loi, ceux qui devaient la soutenir, étaient profondément convaincus qu'un pays est bien peu ou bien mal sauvé quand il ne prend pas lui-même une large part à son salut et s'en rapporte, dans l'oisiveté et l'insouciance, aux accidents de la domination politique. C'était à dessein, c'était en vue de séparer ce qui est permanent et ce qui est mobile, de ne pas subordonner ce qui doit survivre à ce qui peut périr, que l'on avait cherché dans les entrailles mêmes du pays, plutôt qu'au faîte du pouvoir, des instruments et des points d'appui. On estimait la régénération plus sûre en essayant de la rendre progressive qu'en courant les hasards de revirements précipités.

Les grades n'étaient plus rigoureusement exigibles pour les directeurs d'institutions ni pour les collaborateurs

secondaires, notamment pour les sur-
veillants chez lesquels il importe de s'en-
quérir, avant tout, des conditions de la
moralité. Les chefs de corporations re-
connues par l'État étaient ainsi admis à
répondre de leurs sujets; aucune exclu-
sion n'était prononcée contre les ordres
religieux non reconnus par l'État, et ils
participaient sans entraves au bénéfice
du droit commun. Les grands et les pe-
tits séminaires demeuraient sous l'autorité spéciale et sous la direction immé-
diate de l'évêque.

Ainsi cette Église constamment outragée et martyrisée quelquefois, au nom de l'esprit humain et de ses lumières, se levait à l'heure du péril pour demander à ouvrir des écoles, à élever le niveau des intelligences et des âmes. Cette église calomnieusement dénoncée comme maîtresse d'ignorance venait heurter à la porte de nos assemblées, le mot de Benoît XIV à la bouche : *Ignorantia omnium origo malorum*[1]. L'épouse du Sauveur, qui chez elle commande au nom de Dieu, n'invoquait chez nous que l'équité, la liberté, et

[1] Bulle de 1724.

7.

ajoutait ainsi, à la force qu'elle tient d'en haut, les prestiges qui charment la terre. Elle donnait le magnifique spectacle de l'attitude de ses évêques, de son inflexible douceur, de son ardente émulation. Contrairement à ce que font d'ordinaire les hommes, on la trouvait plus modérée encore dans le succès que dans la lutte. Le monopole ne la tente pas, et elle le repousse. Elle condamne la triste ressource des palinodies. Elle sait que les indignités qui flétrissent un homme ne peuvent jamais servir une cause, et que celle-là surtout qui exige

le plus le respect et l'amour de l'humanité est celle dont les défenseurs doivent
le plus sévèrement se respecter eux-mè-
mes. Ce qu'elle a affirmé avant le combat, elle le répète et le pratique dans la
réconciliation; ce qu'elle a promis, elle
le tient. La liberté avait longtemps man-
qué à l'Église, l'Église ne manqua pas
à la liberté.

Dès son apparition, le projet de loi
fut en butte aux attaques véhémentes de
l'*Univers*; aucune sollicitation, quelque
affectueuse qu'elle fût, aucune séparation, quelque douloureuse qu'elle dût

être, n'eut le pouvoir de l'éclairer ou de le fléchir. En vain on essaya de lui soumettre les symptômes évidents du retour vers le catholicisme; en vain on le conjura de ne pas entraver, par des contradictions de détail, l'ensemble d'un mouvement réparateur; en vain on lui rappela que les tempéraments de la prudence consolident plus de victoires que les emportements n'en font gagner: toutes les instances furent inutiles. Il est vrai que ce qu'ils refusèrent alors de la main de M. de Montalembert et de M. Dupanloup, ils l'acceptent aujourd’hui; ils en enregistrent, chaque jour, l’éloge, mais pour en faire hommage à d’autres, ne conservant de leur ancienne hostilité que la docilité complaisante envers toute mutilation et le privilége commode de laisser enlever, sans contradiction, les avantages acquis et devenus incontestés.

VI

Ce ne fut qu'au mois de novembre 1849 que le projet de loi put reparaître dans l'Assemblée.

Elle était profondément agitée par les

suites du 13 juin, par la répression des clubs, par le choix d'une commission de permanence, durant la suspension de ses travaux, enfin par une crise ministérielle. On vit alors (31 octobre 1849) arriver aux affaires le premier cabinet qu'on appela d'abord ministère d'action et, peu après, simplement ministère personnel.

M. Beugnot, rapporteur de la loi d'enseignement, déposa un rapport spécial sur la question de renvoi au conseil d'État. Appuyé sur le texte de la Constitution et sur des considérations d'une haute portée, M. Beugnot termina ainsi une vive réplique à un orateur de la gauche, s'efforçant d'écarter le projet :

« J'avertis nos amis, je leur dis : C'est un piége, n'y tombez pas. On vous propose deux choses : la première, c'est d'étouffer une loi qui inquiète les adversaires de la liberté de l'enseignement; la seconde, de préparer contre la majorité, dans des vues très-diverses, le reproche d'impuissance. »

D'autres orateurs rappelèrent à la gauche avec quelle impatience, sous la Constituante, elle avait voulu s'attribuer la loi de l'enseignement, et combien elle était loin alors de regarder la consultation du Conseil d'État comme obligatoire.

Pressé de faire connaître la pensée du nouveau ministère sur ce sujet, M. de Parieu, ministre de l'instruction publique, déclara le gouvernement désintéressé dans la question. M. de Parieu, en effet, pour corroborer sa déclaration de neutralité, ajouta que le plan du ministère était tracé d'avance en vue des deux éventualités; que, si l'Assemblée retenait le projet de loi, il réclamait quelque délai dans la mise à l'ordre du jour, afin de se préparer lui-même à de si importants débats; que, dans le cas de renvoi au conseil d'État, il se hâterait de présenter quelques mesures urgentes contre les instituteurs primaires, et pour l'abolition du certificat d'études. Cette perspective, officiellement ouverte du haut de la tribune, ne pouvait manquer de séduire et séduisit, en effet, les esprits flottants, toujours prompts à sortir d'une difficulté par un ajournement, à délaisser une résolution courageuse, sous prétexte de légalité. En outre, la parole d'un ministre était déterminante pour la fraction de la majorité devenue exclusivement ministérielle; enfin les ombrages suscités parmi les catholiques, dès la présentation du projet, les déclamations passionnées et incessantes dont on les avait assaillis, émurent quelques représentants de la droite.

L'Assemblée, en proie à une vive et double anxiété, décida, à la majorité de trois cent sept voix contre trois cent trois, que le projet de loi, étudié deux fois, et dans la commission ministérielle et dans la commission parlemen-

l'enseignement, dit-il, ne reviendra probablement pas du conseil d'État... C'est un projet annulé comme tous ceux que le monopole a présentés ou acceptés jusqu'à ce jour... Nous avons exhorté les représentants catholiques à voter pour le renvoi au conseil d'État... plusieurs l'ont fait; d'autres, en plus grand nombre, se sont abstenus. Si nous avons pu exercer quelque influence sur leur détermination, nous sommes loin d'en éprouver le moindre regret... Nous consentirions de bon cœur à ce que le bulletin, l'unique bulletin qui a formé la majorité, fût tombé de notre main. »

La guerre acharnée que déclarent si-
multanément aux modérés l'*Univers* et
le *Siècle* est, on peut le voir ici, de
date ancienne.

L'explosion de joie de la Montagne,
l'inquiétude qui se manifesta dans le
pays, la désapprobation éloquente de la
plupart des journaux de la majorité à
Paris et de la presque unanimité des
journaux de département, amenèrent
cependant une réaction. Bon nombre de
représentants affirmèrent bientôt qu'ils
n'avaient prétendu décider autre chose

qu'une question de procédure, et que, si la loi reparaissait devant l'Assemblée, on les trouverait prêts à la soutenir avec énergie. M. de Parieu, de son côté, s'engagea plus explicitement envers le legs de son prédécesseur; M. Molé en prit acte à la tribune. On pouvait surveiller les destinées de la loi, au sein du conseil d'État, et revendiquer le délai de rigueur fixé pour ces circonstances. Ce fut le parti qu'adoptèrent les amis de la liberté de l'enseignement, accoutumés de longue date aux obstacles, et, de longue date aussi, résolus à la persévérance.

Le contre-coup de ces débats et de ces dissidences fut si vif dans la réunion particulière de la majorité, désignée alors sous le nom de réunion du quai d'Orsay, que l'on crut à sa dissolution. Quinze jours se passèrent sans qu'aucune convocation fût adressée à ses membres, mais l'insistance loyale de M. Thiers, l'intervention toujours puissante de M. Molé, le dévouement inébranlable des légitimistes, finirent par rapprocher, encore une fois, les tronçons épars de l'ancien parti de l'ordre. M. Molé ne se contenta pas de rouvrir le débat au quai d'Orsay; il convoqua chez lui tous ceux qui pouvaient contribuer à la reconstitution de la majorité. Là, il exposa toutes les phases de la situation. M. Thiers, M. Berryer, M. de Montalembert, échangèrent de solennelles promesses, puis, rendant compte, le lendemain, au quai d'Orsay, de leur démarche et de leur langage de la veille, obtinrent une complète approbation.

Sur ces entrefaites, la loi provisoire sur l'enseignement primaire parut devant l'Assemblée. M. de Parieu déroula

une longue et scandaleuse série de correspondances intimes des instituteurs.
L'effet de ces révélations fut immense,
et, quand M. Molé réclama la mise à
l'ordre du jour de la loi de l'enseignement, revenue du conseil d'État, nulle
objection ne put prévaloir, et la première délibération fut fixée au 14 janvier 1850.

Le conseil d'État avait accompagné la
loi de l'enseignement, non pas seulement de quelques avis, mais d'un véritable contre-projet. Ce travail exerça
très-peu d'influence. Nous n'avons pas

à rappeler ici les différentes phases de cette mémorable délibération. Si la tribune veut un jour défendre sa cause, elle trouvera là ses plus magnifiques et ses plus concluants arguments. M. Thiers et M. de Montalembert achevèrent, en présence du pays attentif, l'œuvre qu'ils avaient entreprise et poursuivie avec tant de courage et de persévérance depuis un an. Tous deux, après avoir porté les coups les plus décisifs à leurs adversaires, firent entendre un dernier appel à leurs amis dissidents. Traduit chaque matin devant les catholiques, comme s'il eût déserté les opinions de sa vie entière, privé sa cause du fruit de ses propres services, anéanti les dernières espérances de la religion et de la liberté, M. de Montalembert émut profondément l'Assemblée en lui adressant ces paroles :

« On nous a reproché d'avoir substitué l'alliance à la lutte. Oui, messieurs, j'ai fait la guerre et je l'ai aimée; je l'ai faite aussi longtemps, aussi bien et peut-être mieux que ceux qui me reprochent aujourd'hui de la cesser.

« Mais je n'ai pas cru que la guerre

fût le premier besoin, la première nécessité du pays. Au contraire, j'ai pensé
qu'en présence du danger commun,
des circonstances si graves et si menaçantes où nous sommes, et en présence
aussi (pourquoi ne le dirais-je pas?)
des dispositions que je rencontrais chez
des hommes que nous avions été habi-
tués à regarder comme adversaires, le
premier de nos devoirs était de répondre à ces dispositions nouvelles, et c'est
à cette pensée honorable que j'ai consacré, depuis un an, toute l'activité et
tout le dévouement de mon âme.

« Nous n'avons sacrifié que l'esprit de contention, l'esprit d'amertume et d'exagération. Je suis, du reste, convaincu que j'ai agi d'accord avec l'esprit de l'Église... L'Église, inflexible dans la lutte contre l'orgueil, dépasse toujours ses adversaires, ses rivaux, dans l'esprit de conciliation, quand le moment de la paix est arrivé. Quand on fait un pas vers elle, elle en fait deux vers vous. Voilà le rôle de l'Église, tel que je l'ai étudié et apprécié dans son histoire. L'Église ne veut jamais humilier personne devant elle, elle n'humilie que devant Dieu. — L'Église ne dit jamais ces deux paroles que vous entendez tous les jours dans la sphère de la politique : *Tout ou rien* et *Il est trop tard.* Elle ne dit jamais : Tout ou rien, car c'est le mot de l'orgueil et de la passion humaine qui veut jouir et vaincre aujourd'hui, sachant bien qu'elle doit mourir demain. L'Église, comme on l'a tant dit, est patiente, parce qu'elle est éternelle. Elle ne dit pas : Il est trop tard, ce mot coupable et impitoyable, parce qu'il n'est jamais trop tard non plus pour sauver une société qui consent à être sauvée. »

Comme M. de Montalembert, M. Thiers avait des amis rebelles à convaincre; il s'imposa pour tâche de ne dominer les convictions que par l'autorité du bon sens et le rayonnement splendide de l'évidence. Ce qui signale, au point de vue de l'art oratoire, ce discours entre tous ceux dont le pays gardera mémoire, c'est qu'il fut grand de la grandeur seule du sujet. Pas une digression, pas un mot étranger à la loi, pas une phrase ambitieuse; mais, dans le cadre le plus simple, une exposition de faits d'une incomparable méthode, une analyse limpide des difficultés les plus ardues, puis un hardi et généreux retour sur lui-même, un impitoyable châtiment de ces faux apôtres de liberté qui ne la veulent jamais accorder à quiconque peut les contredire, une merveilleuse dextérité à les prendre dans leurs propres piéges, jusqu'à arracher aux plus forcenés montagnards ce cri : « Non, non ! nous n'avons pas peur des jésuites ! » Parvenu au terme de son immense parcours, M. Thiers recueillit ses forces, résuma toutes les puissances

de son argumentation, non pour s'assurer le triomphe de la parole, celui-l[à]
ne pouvait plus lui échapper, mais l[e]
succès du vote, que les passions les plu[s]
diverses rendirent problématique jusqu'à la dernière minute.

« Maintenant, dit-il, je m'adress[e]
plus particulièrement aux hommes qu[i]
m'ont suivi dans ma carrière, qui on[t]
partagé toutes mes opinions, que j'a[i]
vus quelquefois, soucieux du projet q[ue]
nous proposons, se demander, apr[ès]
avoir entendu répéter tant de fois q[ue]
la conciliation était impossible, si el[le]

était possible en effet. Eh bien, oui, messieurs... je crois à cette conciliation, j'y crois parce que, vivant depuis un an entier avec les représentants des intérêts divers, en lisant dans leur cœur, dans leur esprit, j'ai vu qu'il était possible de se concerter, de s'entendre, de faire cesser des guerres déplorables entre amis communs de la société. J'ai éprouvé par moi-même qu'il était possible de s'entendre. . . .

« En présence des dangers qui menacent la société, j'ai tendu la main à ceux que j'avais combattus Ma main est dans la leur, elle y restera, j'espère, pour la défense commune de cette société qui peut être indifférente à quelques-uns, mais qui nous touche profondément. »

M. Thiers descendit de la tribune couvert d'applaudissements redoublés.

L'évêque de Langres, M. de Vatimesnil, M. Beugnot, M. Béchard, M. Poujoulat, M. Baze, M. de Riancey, M. Fresnau, M. de Kerdrel, apppuyèrent éloquemment le projet de loi; M. de Parieu enfin lui donna, au nom du gouvernement, une adhésion explicite.

Lorsqu'on passa au vote, le nombre des membres présents était de six cent quarante-deux. Cent quatre-vingt-sept bulletins seulement s'opposèrent à la seconde délibération. Cette seconde délibération renouvela toutes les émotions de la première. M. de Lamartine intervint au nom de la gauche pour combattre la liberté des corporations religieuses. M. Thiers eut encore une fois l'honneur de personnifier en lui et de faire triompher le bon sens et l'équité de l'homme d'État.

L'appel de la tribune fut entendu de la presse.

Le *Journal des Débats*, qui avait long-temps hésité à se prononcer, dit : « Une cause défendue ainsi n'est-elle pas une cause gagnée ? »

On lut dans le *Constitutionnel* : « Jamais cause plus noble, plus sociale, plus sainte, n'eut un interprète plus éloquent et, selon nous, plus persuasif. Cette éloquence est celle de la raison passionnée pour le bien. »

La Montagne demeura fidèle à ses habitudes.

L'*Univers* continua près de l'épiscopat la campagne qu'il venait de perdre
devant l'Assemblée. Il entreprit de l'entraîner au refus de la part d'attributions que lui conférait et lui demandait
la nouvelle loi. Il publia des remontrances à Mgr l'évêque de Langres, dont l'une
était signée : *Un prêtre*, et provoqua une
protestation d'un certain nombre d'ecclésiastiques du diocèse de Langres. Il
plaida vivement la même thèse à Rome;
mais bientôt Rome parla, et une communication du souverain pontife au
nonce mit fin à ces dernières tentatives.

Si l'opposition de l'*Univers* n'eût été
inspirée que par un jugement plus ou
moins sain, par des appréciations bien
ou mal fondées, par le désir de les
faire prévaloir jusqu'à la dernière ex-
trémité, le désordre momentané qu'il
avait jeté dans nos rangs eût disparu
avec l'occasion qui l'avait fait naître;
chacun de nous aurait renoué avec empressement les relations qu'il avait bri-
sées avec peine. Il n'existe ni opinion ni
parti considérable qui n'ait eu à franchir des obstacles de cette nature. La
sagesse consiste à beaucoup sacrifier

pour les éviter, à beaucoup oublier lorsque, n'ayant pu les éviter, on est parvenu à les vaincre. Il faut même ajouter que plus les opinions sont consciencieuses, plus les hiérarchies et la discipline sont difficiles à maintenir. Les conspirateurs se lient indissolublement et se gardent parole, parce que tout est subordonné chez eux à ce qu'ils appellent la souveraineté du but. Les hommes à convictions profondes, au contraire, pèsent et discutent tout, s'arrêtent à la première répugnance et sont toujours prêts à dire : Ma conscience ne relève que d'elle-même ou d'un régulateur qui n'est pas vous.

Les hommes du parti catholique qui avaient le plus de droit à la confiance de leurs amis, et qui en avaient reçu le plus de témoignages, n'ignoraient pas ces conditions élémentaires de toute vie publique, comme de toute œuvre durable; mais la réconciliation ne dépendit pas d'eux. L'*Univers* avait goûté les jouissances d'une direction indépendante; il avait successivement écarté de sa rédaction tout ce qui pouvait y apporter ménagements ou contrôle.

L'ancien parti catholique avait les contre-poids et, pour ainsi dire, les rouages d'une organisation régulière ; il avait des comités, des délibérations, des conseils. On voyait des évêques, des prêtres, des laïques s'y grouper, s'y écouter, s'y éclairer tour à tour. L'*Univers* se transforma en dictature ; la dictature lui plut ; il refusa de s'en dessaisir ; là fut l'origine d'une situation nouvelle.

L'ancien parti catholique ne tendait plus qu'à développer et consolider l'œuvre qu'il venait de conduire à bonne fin. Au point de vue de l'enseignement, la tâche était inachevée, il restait à surveiller la mise en pratique de la loi, à repousser les applications restrictives, à seconder les pensées de développement ; il restait à obtenir l'organisation de l'enseignement supérieur. Une commission analogue à celle qui avait formulé la loi qu'on venait de voter avait été nommée pour en préparer l'indispensable complément dans le haut enseignement et dans les facultés. Cette commission n'avait tenu que deux séances, lorsque le premier ministère du 10 décembre fut remplacé par le ministère du 30 octobre. Ce cabinet avait éludé, autant que l'Assemblée le lui avait permis, la discussion de la loi dont il héritait; à plus forte raison refusa-t-il d'avancer sur le terrain où il était libre de ne pas mettre le pied. La commission de l'enseignement supérieur fut dissoute; elle n'a jamais été reconstituée[1].

[1] Il faut bien, dans un récit déjà alourdi par tant d'incidents, en omettre quelques-uns. Mais nous nous reprocherions de ne pas rappeler, ne fût-ce que pour signaler le contraste entre les attaques passionnées et les objections sérieuses,

L'alliance, contractée sous les auspices d'un grand intérêt religieux, ne demeurait pas moins nécessaire pour l'heureuse issue des difficultés qui restaient à résoudre.

L'avenir contenait autant de crises et d'aussi redoutables que celles qui venaient d'être traversées dans le rapide les opinions graves et fortement exprimées d'adversaires de la loi, tels que l'honorable M. Lenormant dans le *Correspondant*, ou M. de Cazalès à la tribune. Si elles ne nous arrêtèrent pas, c'est que le respect ne suffit pas à désarmer la conviction ; il fait du moins survivre l'amitié à toutes les dissidences.

passé d'une année. Le saint-père était remonté sur son trône, mais des obstacles de toute nature entouraient encore la restauration de son autorité souveraine. Le *proprio motu*, daté de l'exil, soulevait des contestations, des délibérations passionnées. Les hommes qui faisaient entrer les perspectives de l'avenir dans les préoccupations du présent se montraient animés du désir de cimenter plutôt que de rompre la bonne harmonie à l'aide de laquelle ils avaient dépassé les premiers écueils.

L'*Univers*, au contraire, persista de

plus en plus dans ses tendances à la séparation et à l'isolement.

De jour en jour plus confiant en lui-même, il parut convaincu de la possibilité de constituer et d'entretenir un parti en hostilité avec tout ce qui n'était pas lui. Il crut qu'il pourrait masquer ses vides par la variété de ses évolutions et remplacer par des questions factices, par des paradoxes tranchants, les questions réelles qui venaient de conquérir des solutions ou de conclure des trêves. Son talent n'était pas au-dessous de cette tâche, son ca-

ractère devait y succomber. Les partis
et leurs organes ne vivent jamais impunément d'éléments semblables. On ne
peut créer ainsi qu'un journalisme bril-
lant, mais funeste : funeste à ceux qui
l'exploitent autant qu'à ceux qui se
laissent égarer à sa suite.

Voyons donc maintenant le journalisme dans l'action.

VII

Un journal peut prétendre à tenir
haut, à porter noblement le drapeau
d'une grande pensée. Nous l'avons vu,
nous le voyons encore réunir des hom-

mes d'élite qui y consacrent leurs plus honorables labeurs. Le journalisme, c'est l'exagération et bientôt la dépravation du journal; c'est l'isolement substitué à l'action commune, l'égoïsme à l'abnégation, la vanité du bruit à la solidité du résultat. Le journalisme, pris à haute dose, produit l'effet de l'opium : il endort et enivre, il assoupit la conscience et exalte la passion. Les esprits absolus s'en abreuvent; mais, il faut bien l'avouer, à la confusion de l'intelligence humaine, les esprits absolus sont habituellement médiocres, versatiles, stériles; ils n'envisagent les questions que d'un seul côté, ne prennent jamais la peine de faire le tour d'une idée, se contentent de surfaces, se nourrissent de premiers aperçus, s'élancent d'un bond d'une extremité à l'autre, posent, à tout propos, le dilemme Tout ou rien, et aboutissent à rien.

Les hommes de notre temps et de notre foi qui portent en eux cette tendance aiment à se comparer, pour s'absoudre, à M. de Bonald et à M. de Maistre. Qu'ils veuillent bien réfléchir que ces deux hommes illustres avaient la supériorité qui place au-dessus des règles et les confirme en y échappant ; ils possédaient toutes les qualités qui font contre-poids aux défauts ; ils avaient, tout ensemble, le génie naturel et l'étude, l'intuition et la méditation, les ardeurs de l'âme et les délicatesses d'une éducation polie ; en outre, ils avaient en leur faveur toutes les différences de leur temps au nôtre.

Ils combattaient le dix-huitième siècle, vivant encore et dominant ; ils parlaient, ils écrivaient dans un temps où l'esprit

du mal conservait la plénitude de ses illusions. Pour nous, nous montons sur les
brèches qu'ils ont ouvertes, et nous vi-
vons dans l'un des temps où Dieu a
laissé tomber sur l'homme le plus de
désenchantements salutaires. Si l'on
veut se bien rendre compte du péril
que nous signalons, qu'on se souvienne
de quelques-uns des écrivains qui ne
sont plus ; qu'on regarde ceux qui
existent encore ; qu'on mesure, dans le
journalisme contemporain, à quelque
opinion qu'il appartienne (car on peut
différer par les doctrines et se ressem-

bler par les procédés), l'effet de la parole formidable *Væ soli!* La séparation, la solitude relative, séduisent
d'abord, elles inquiètent bientôt, elles
aigrissent promptement ensuite. On ne
veut pas s'en prendre à soi-même, on
s'en prend à tout le monde, et à ses
amis avant tout. On a commencé, pour
exclure, par professer le rigorisme le
plus sévère; on s'accorde, pour se soutenir ou pour s'étourdir, les plus étran-
ges écarts. Les uns s'éteignent dans le
désespoir du doute et de l'impuissance,
laissant derrière eux, pour disciples de

leur passagère école, d'éclatants trans-
fuges ; les autres vivent pour multiplier
les contradictions et les chutes.

Il n'est pas rare de voir les hommes
qui gémissent des excès du journalisme
religieux les excuser cependant par reconnaissance pour son désintéresse-
ment. Là même il y a un piége. Nul de
nous ne peut se prévaloir, comme d'un
témoignage irrécusable, du refus des
carrières ambitionnées par le vulgaire;
nul de nous ne peut être assez confiant
en lui-même sur un point aussi douteux, pour attester qu'il n'obéit qu'à la

pure suggestion du dévouement, et non au naturel conseil de l'orgueil. Le cœur de l'homme n'est pas assez vaste pour contenir toutes les passions à la fois : quand l'esprit de domination y entre, il l'absorbe tout entier. En apparence, on semble dégagé de toute convoitise; en réalité, on dédaigne ce qui annule et ce qui ennuie; on préfère ce qui fait l'amusement et la renommée. Et, soyons juste, il n'y a pas de proportion entre les modestes satisfactions d'une profession, quelque honorable qu'elle soit, et les âpres jouissances d'un écrivain qui a su rallier et dompter un public, qui, chaque jour, voit ses affections et ses haines atteindre aux extrémités du globe, cite à sa barre les couronnes et les républiques, flatte et intimide, caresse et châtie, élève et démolit. L'administrateur sert, l'écrivain règne; celui-ci subit des impulsions, celui-là les imprime, traite de puissance à puissance, contracte des alliances et signe des traités.

Réduite à n'être plus que le journalisme de quelques esprits exagérés, exagérés par nature, je le crois, plus exagérés encore par situation, car ils sont forcés de tout amplifier pour se grandir, la polémique religieuse allait se transformer en machine de guerre et étaler, avec une désolante naïveté, les préceptes et les habiletés de sa profession nouvelle.

La communication du saint-siége, au sujet de la loi de l'enseignement, avait enlevé tout espoir d'entraîner le clergé français dans une route différente de celle qui venait d'être tracée par la sagesse romaine. L'*Univers* se mit en quête d'un autre théâtre; il chercha le terrain qui s'éloignait le moins possible de celui qu'il venait de perdre.

Des ecclésiastiques respectables, de savants évêques, avaient consacré de graves études à la question de l'influence des livres dans l'éducation. C'était une discussion sérieuse et opportune, d'où pouvaient sortir d'utiles vérités ; on en fit une campagne, ce qu'on nomma la campagne des classiques.

Sans rien préjuger sur la question de méthode, la loi de l'enseignement ne s'était occupée que de préparer, que de faire accepter le régime de la liberté, réservant aux évêques, aux corporations religieuses, au souverain pontife, les conséquences ultérieures, les applications de détail qui intéressaient l'Église. Les hommes de l'ancien parti catholique étaient sûrs que le clergé, une fois libre d'enseigner, ne s'arrêterait pas le lendemain, en face de la France et du monde, pour se demander, non-seulement ce qu'il allait enseigner désormais, mais si, par son enseignement antérieur, l'Église n'avait pas contribué elle-même à la corruption des générations. L'*Uni-*

vers ne lui épargna pas cette humiliation étrange.

L'ancien parti catholique ne plaçait rien au-dessus de la question de l'éducation de la jeunesse; il en avait fait l'objet de ses plus chères espérances, le but suprême de ses efforts. Il n'allait pourtant pas, nous l'avons vu, jusqu'à prétendre que la société dût concentrer exclusivement sur ce point sa pensée, qu'elle dût tenir tout autre soin pour superflu ou profane. L'*Univers*, une fois livré à lui-même, porta là comme ailleurs son dogmatisme tyrannique. Il se mit à établir que l'enseignement religieux de la jeunesse pouvait et devait être l'unique souci de la société. Selon lui, la religion était désintéressée de tout le reste. Qu'importaient aux catholiques les principes qui, après elle, contribuent le plus efficacement à la paix, à l'ordre, à la prospérité des peuples? qu'importait une juste ou fausse direction de la politique nationale? Tout cela était ou devait être indifférent. On était bien près de subordonner et même de trahir l'Église quand on gardait une opinion arrêtée sur les événements qui agitent ou compromettent le pays dans lequel Dieu nous ordonne de vivre, c'est-à-dire de penser, de parler et d'agir.

Les sophismes s'engendrant les uns les autres, on dut voir et l'on vit les hommes qui avaient voulu réduire toutes les préoccupations de la société à la réforme du collége réduire la réforme du collége lui-même à une seule question, le choix des livres. Il fallut donc se diviser de nouveau, et les dénominations nouvelles ne furent pas d'une médiocre portée; on se partagea, on se rangea en chrétiens et en païens; on rattacha aux églogues de Virgile et aux odes d'Horace tout ce qui forme le caractère, l'intelligence, l'âme de la jeunesse. On rendit le latin responsable de tous les désordres de l'esprit humain, et notamment de la Révolution française! Parce que les jacobins, meurtriers de Louis XVI, s'étaient ridiculement affublés des noms de Régulus et de Brutus, on affecta d'oublier que, cent quarante ans auparavant, les puritains, meurtriers du roi d'Angleterre, se baptisant Gédéon et Machabée, n'avaient à la bouche que des versets de l'Écriture sainte et des psaumes. Hélas! non, Luther et Marat ne sont point nés d'une simple erreur de pédagogie. Ni eux ni ceux qui leur ressemblent n'auraient disparu ou ne disparaîtraient pour si peu. A coup sûr, il ne faut traiter légèrement rien de ce qui touche à l'imagination de l'enfance; mais il ne faut pas pour cela perdre de vue ce qui agite et passionne la virilité, ce qui calme ou bouleverse les États. Réformez le collége, mais gardez les abus dans la société, maintenez sous les yeux du peuple la corruption et les scandales, vous reverrez

ce que nos pères ont vu : des philo-
sophes et des conventionnels sortir du
sanctuaire même et des plus pieux asi-
les pour se ruer dans l'orgie révolutionnaire !

Envers l'Église elle-même, les pré-
tendus antipaïens ne reculèrent devant
aucune irrévérence : ils incriminèrent
hardiment trois siècles de son enseignement universel. On ne fit grâce ni aux
corporations les plus austères ni aux
docteurs les plus illustres. Un terrain
était retrouvé, un public était recon-
quis, lorsque Rome, respectueusement

interpellée, dispersa ces nouveautés d'un souffle de son antique tradition et de son immuable doctrine. Les pensées sérieuses sur cette matière, les vues graves, furent discernées, louées et récompensées ; les polémiques gratuites et surabondantes, réprouvées et réduites au silence.

Les combattants furent séparés, ils ne furent pas tous convaincus. L'autorité paternelle, à laquelle on ne pouvait refuser la clôture des hostilités, n'obtint pas un rapprochement véritable. On prit envers Rome les engagements

qu'elle exigea[1]. Comment ces engagements ont-ils été tenus[2]?

[1] « C'est pourquoi il serait bon, non-seulement pour vous-même, mais encore pour l'utilité de l'Église, que, tout en prenant librement
en main la cause de la vérité et la défense des
statuts et des décrets du siége apostolique, vous
examiniez d'abord avec grand soin toutes choses,
et que, surtout dans les questions où il est licite
de soutenir l'une ou l'autre opinion, vous évitiez
constamment d'imprimer au nom des hommes
distingués la plus légère flétrissure. Et, en effet,
tout journal religieux s'imposant l'obligation de
défendre la cause de Dieu et de l'Église, et le

[2] Voir, à la fin du volume, la note justificative A.

souverain pouvoir du siége apostolique, doit être fait de telle sorte, que rien de contraire à la modération, rien de contraire à la douceur n'y vienne choquer le lecteur. — C'est le vrai moyen d'attirer sa bienveillance et de lui persuader plus aisément combien cette cause l'emporte sur toutes les autres, et quelle est l'excellence du siége apostolique. »

(Lettre de monseigneur Fioramonti.)

« Nous avons publié hier, quelques instants après l'avoir reçu, l'acte par lequel Mgr l'archevêque de Paris a bien voulu lever les défenses portées contre l'*Univers* dans son ordonnance du 17 février dernier. Cet acte nous impose une nouvelle et plus étroite obligation de n'user

11

qu'avec sagesse de la liberté qui nous est laissée
et de corriger dans notre œuvre ce qui a besoin
d'être corrigé, en l'améliorant autant que cela
nous sera possible. Ayant toujours présentes
les règles qui nous ont été tracées, nous devons
surtout nous attacher à éviter tout ce qui pourrait paraître contraire à cette modération chrétienne qui n'exclut pas la défense libre, franche,
énergique de la vérité.   .   .   .   .   .   .

.   .   .   .   , ...

.   .   .   .

.   .   .   .

.   .   .   .   Notre rédacteur en chef, M. Louis
Veuillot, est encore à Rome; mais les sentiments
que nous exprimons furent toujours les siens, et
dans les lettres que nous avons publiées récemment il a déjà pris, en son nom comme au nôtre,

les engagements que nous sommes heureux de renouveler aujourd'hui.

« Dulac, Eug. Veuillot, Coquille, Jules Gondon, Léon Aubineau, Eug. Taconnet, Barbier. »

(*Univers* du 10 avril 1853.)

VIII

Le journalisme catholique, devenu
une hostilité perpétuelle et universelle,
fut condamné à emprunter aussi un
style de guerre. Il fut également con-

damné aux personnalités. Les noms propres, il est vrai, furent rarement prononcés; on y suppléa par les situations, par les antécédents, par tout ce qui caractérise et désigne, en dispensant de nommer. La plume devint une arme. Tantôt voltairien, tantôt mystique, ce style de combat un jour épuise la moquerie, le lendemain s'égare en contemplations extatiques; s'efforçant de ravir par le fanatisme les esprits que fatiguerait une constante et monotone ironie.

« Véritablement, s'écrie l'*Univers*,

« s'adressant à l'ancien parti catholi-
« que, à regarder ce temps et ces hom-
« mes, et ces ambitions, et ces terreurs,
« et tout ce que l'on poursuit et tout ce
« que l'on évite par de si grands tour-
« ments d'esprit, l'honneur d'être haï
« et rejeté pour la vérité, n'eût-on pas
« la certitude de son triomphe, nous
« semblerait encore le but humain le
« plus beau que pût se proposer la vie
« humaine [1]. »

« Le saint ne s'y trompe pas... il at-

[1] *Univers*, 19 décembre 1855.

« tend; mais en attendant il persévère
« par sa prière, par sa patience. Il se
« fait lentement une force de ces dis-
« grâces, un moyen de ces obstacles, un
« droit de ce délaissement. Notez qu'il
« se croit délaissé, car il faut que sa
« douleur, son mérite, sa vertu, soient
« au comble; mais une certaine foi, un
« je ne sais quoi, malaisé à définir et
« qui est la grâce de Dieu, résiste à la
« désolation, surnage sur l'abîme de
« l'impossible, et soutient, malgré tout,
« le sublime obstiné[1]. »

[1] De la Sainteté. (*Univers*, 25 décembre 1855.)

Après le lyrisme, le cri d'alarme et la dénonciation directe. Il ne s'agit de rien moins que de transaction sur le dogme. Les modérés livrent l'Église à l'esprit moderne. « Voilà, dit l'esprit moderne,
« un peuple de catéchumènes; ces bra-
« ves gens ne demandent qu'à devenir
« chrétiens. Abaissez seulement quel-
« ques barrières, devenues odieuses,
« abrogez quelques disciplines suran-
« nées, rayez du symbole quelques ar-
« ticles insignifiants, faites les con-
« cessions que l'esprit moderne est en
« droit d'exiger et que vous ne pouvez

11.

« refuser sans vous perdre : ils sont à
« vous ! »

Puis l'*Univers* ajoute : « A ce lan-
« gage, il y a toujours, parmi les ca-
« tholiques, des têtes qui partent, des
« cœurs qui cèdent; les têtes que l'es-
« prit moderne a entamées, les cœurs
« où l'aspect de sa force et le bruit de
« ses menaces ont glissé l'épouvante. .
« . . . .
« Enfin, par une cause ou par une
« autre, l'esprit moderne n'a point
« perdu ses paroles, et l'on ne tarde
« guère d'en voir l'effet. Ses demandes

« paraissent raisonnables, justes, trop

« justes. On se met en devoir de le

« satisfaire, on entre en pourparlers,

« on négocie. Il se montre plus diffi-

« cile qu'on n'avait cru, il refuse ce

« que l'on offre, on offre davan-

« tage [1]. »

Nos adversaires, comme on le voit, souffrent pour la vérité et sont prêts à affronter pour elle le martyre; ils ont en face d'eux des hommes qui la délaissent par trahison ou par terreur, et

[1] *Univers* du 15 février 1856.

transigent sur le dogme. On le dit tout haut, on le dit tout bas.

Hâtons-nous d'abord d'arrêter et de préciser le débat sur ces mots, hâtons-nous d'épargner au lecteur, si cela dépend de nous, l'inquiétude que doivent lui causer de pareilles assertions.

Non! la vérité n'est pas en jeu entre nos adversaires et nous! La vérité, trésor éternel, inviolable dépôt, réside dans des sphères d'où nos discordes ne peuvent la faire descendre. Ce qui nous divise, c'est la meilleure manière de la servir, et cela demeure encore très-grave. N'y a-t-il pas des aveuglements amis plus funestes que les inimitiés ? Nous pensons donc et nous disons à nos adversaires : Le catholique le plus timide serait moins nuisible à la religion que votre zèle et votre apologie. Il ne s'agit pas de savoir lequel, de vous ou de nous, est seul détenteur de la vérité ; mais lequel des deux favorise ou compromet son développement à travers le monde, qui s'épuise et languit, faute de la connaître et de l'aimer.

Quant à l'accusation de transiger sur

le dogme, nous nous bornerons à déclarer que c'est ou un épouvantail puéril ou une révélation trop discrète. Si de pareilles aberrations ont traversé quelques cerveaux, nous demandons qu'on les signale plus clairement ; nous ne voudrions laisser à personne l'honneur de les avertir ou de les éclairer avant nous [1].

Écartons ensuite, comme incompatibles avec toute argumentation utile, les préoccupations mystiques. L'action

[1] Voir la note justificative B.

de la sainteté sur le monde ne peut être révoquée en doute ; mais cette action a d'autres signes. On glisserait bientôt dans un fatalisme indécent et dangereux si l'on parvenait à convertir en abonnements trimestriels, en passe-ports vulgaires, à la merci du premier venu, les grâces surnaturelles de l'ordre contemplatif. On pousserait ses lecteurs à une exaltation décevante, on finirait par composer un public qui mettrait bientôt sa piété et son honneur à braver le sens commun. « Je vous dirai ce mot, mais retenez-le bien, écrivait saint François de Sales : nous nous amusons quelquefois tant à être de bons anges, que nous ne travaillons pas à être de bons hommes. » Chaque individu, il est vrai, a, dans les événements d'ici-bas, une minime part de responsabilité; c'est pour cela qu'il doit s'en montrer plus jaloux, et que le jugement suprême en demandera plus sévèrement compte. Ériger en maxime qu'on doit peu s'inquiéter de ses fautes dans l'ordre naturel, et se reposer sur l'ordre surnaturel pour les réparer, c'est se mettre trop à l'aise avec soi-même et avec Dieu ; cette manière de raisonner est trop confiante pour être assez respectueuse, et l'histoire la montre rarement suivie d'un heureux effet. Certes, M. de Maistre ne manquait pas de confiance en la Providence, et cependant il écrivait : « Je ne suis pas fataliste, Dieu m'en préserve ; l'homme doit se résigner comme s'il ne pouvait rien, et agir comme s'il pouvait tout. »

De ces assertions déclamatoires que reste-t-il donc ? L'accusation formellement dirigée contre nous de ne pas vouloir ou de ne pas savoir marcher à l'ennemi, de pousser la condescendance jusqu'à ouvrir nos rangs à de perfides alliés.

Que le Christianisme ait des ennemis, cela est malheureusement vrai et le sera de tout temps. Nous louerons volontiers les journaux catholiques d'avoir résolûment tenu tête aux plus opiniâtres et aux plus audacieux. Nous souhaiterions même que les journaux religieux rendissent plus souvent au clergé et aux fidèles le service de réfuter l'erreur savante en Allemagne, en Angleterre, en Amérique, comme en

France. Feuerbach ou Proudhon, Straus ou Ewald, Bunsen ou Michelet, sans cesse qualifiés, rarement combattus, vaudraient la peine d'être terrassés, selon la méthode des grands apologistes chrétiens, par la supériorité de la science, par la vigueur des raisons, non par des exécutions sommaires et des épigrammes; et ce qu'on ne pourrait entreprendre par soi-même, il faudrait l'emprunter aux travaux des savants laborieux, des théologiens autorisés, et leur prêter la popularité d'une publicité quotidienne.

Serait-ce aussi trop exiger de demander qu'on n'exagérât pas légèrement le nombre et l'importance de ces
ennemis? Leur force respective, leur
ardeur, leur veine de succès, voilà ce
qui doit être l'objet d'un examen conti-
nuel, et non d'un anathème toujours
également irrité. Car ces forces, cette
animation, ce succès, ce sont là les côtés variables de chaque siècle, ou même
de chaque phase de siècle ayant une
physionomie saisissable. Deux choses
importent donc avant tout, en pareille
matière : ne pas se tromper sur le

nombre des ennemis, ne pas se tromper sur leur caractère, ne pas s'imaginer, par exemple, que toute contradiction recèle une hostilité.

L'homme ne comprend pas toujours assez à quoi peut lui servir un ennemi; il ne sait pas assez en tirer sa propre leçon. Il faudrait, pour cela, le détester moins et l'étudier davantage. De notre temps surtout et dans notre pays si agité, si pressé, ce que l'on médite le moins, c'est la nature vraie et intrinsèque des obstacles que l'on rencontre. On se hâte de leur jeter, en passant, un nom qui donne le droit de mépriser ou de maudire, et l'on passe outre. Si, au contraire, nous scrutions avec soin les causes qui ont fait échouer, dans l'histoire ou sous nos yeux, tant d'hommes, tant de desseins, ce qu'on découvrirait en première ligne serait, presque toujours, un dédain précipité de l'ennemi.

La littérature moderne a traité en ennemie toute critique indépendante et consciencieuse. Livres et succès se sont improvisés entre amis. Qu'en est-il résulté? des ovations factices, suivies d'avortements multipliés, et bientôt d'incurables décadences.

Dans le domaine politique, que de malheurs épargnés, que de révolutions conjurées, si chacun eût dit moins souvent et moins légèrement : Voilà l'ennemi !

Dans son admirable paraphrase du *Beati mites*, Bourdaloue dit : « La douceur n'est pas tant une vertu distincte qu'un tempérament général, une certaine constitution de l'homme intérieur, qui le rend tranquille en lui-même et bienfaisant à l'égard des autres. »

Bourdaloue ne se contente donc pas de montrer la douceur comme un sentiment agréable, il nous la montre comme une vertu bienfaisante, c'est-à-dire active et féconde. En effet, son intervention s'exerce doublement : d'abord elle n'envemime pas les fautes commises, ensuite elle empêche de les commettre. Et entre ces deux fonctions de la douceur s'il fallait marquer un rang, c'est à la douceur préventive que j'assignerais le premier, à la douceur qui désarme les combattants avant le combat, qui pressent les contre-coups, qui évite les représailles. L'indulgence de Dieu, autant qu'elle peut être comprise par notre intelligence bornée, nous trace elle-même cette voie. Sa pénétration infinie suit d'un regard vigilant et calme toutes ces passions intimes par lesquelles les hommes s'excitent et s'entraînent les uns les autres. Nous voyons les mouvements, Dieu juge les mobiles ! Là où nous condamnons la colère, il pèse la provocation; là où nous n'apercevons qu'une attaque violente et gratuite, il discerne une blessure intérieure et secrète !

Cette douceur, ces ménagements, sont-ils les complices déguisés de la timidité naturelle? Je crois précisément le contraire. La timidité est un instinct peu chrétien, c'est aussi un instinct peu habile; il ne sait ni reconnaître ni saisir les occasions. La hardiesse est nécessaire aux chefs pour commander, aux soldats pour obéir. Il est même bon que les soldats aient de la fougue pour que les généraux aient de la sécurité; mais il est remarquable que ce sont souvent les plus intrépides qui hasardent le moins. Avant de chercher querelle et de livrer bataille, prenons donc le soin préalable de ne compter pour ennemis que ceux qui le sont irrévocablement, de ne les voir que là où ils sont, pas autrement qu'ils ne sont ; enfin, de ne pas contraindre à devenir ennemis ceux qui y sont enclins sans y être encore résolus.

Le cardinal de Cheverus avait infructueusement tenté, durant plusieurs années, de réconcilier un maire et un curé. Instances et correspondances avaient également échoué près des deux partis. Vint enfin un jour où le cardinal, en tournée pastorale, ne pouvait détourner son itinéraire de la commune ainsi troublée. Au lieu de descendre chez le curé, le cardinal fait arrêter sa voiture à la porte du maire; il entre, et lui dit : « Monsieur le maire, consentiriez-vous à me rendre un service personnel? — Assurément, monseigneur,» répond le fonctionnaire étonné. Alors le cardinal l'embrasse et ajoute : « Faites-moi le plaisir d'aller porter cela de ma part à votre curé. » La réconciliation, qui s'était refusée à tant d'efforts, ne put résister à ces deux mots.

De pareils traits, j'en conviens, ne se formulent ni en préceptes ni en codes ; sont-ils pour cela dépourvus d'autorité? Dans les contestations humaines, où chacun se prévaut indéfiniment d'un droit ou d'un grief, qui aura le plus de chance d'apaiser les âmes? L'affectueux pasteur qui ne craint pas d'être aimé, ou le *sublime obstiné* qui ambitionne d'être haï?

IX

Après les ennemis viennent les per--
fides alliés.

Pourquoi perfides?

Que les parlementaires résument en

eux-mêmes toutes les vanités puériles et coupables, que le patriotisme ne pénètre pas dans leur cœur, que les rancunes implacables ne puissent se rencontrer que parmi eux, soit! Cela figure dans les allégations que je me suis interdit de relever; mais qu'on les accuse hautement et persévéramment d'hypocrisie, que ce triste mot ait fait fortune chez quelques-uns de ceux qui, à mon gré, avaient mission spéciale de le repousser, voilà ce dont je ne puis me rendre compte.

En fait, ce reproche est démenti par

des actes patents et d'hier; mais, à ne parler que du cœur humain, tel que chacun de nous est apte à le connaître, en s'interrogeant soi-même, où avez-vous pris que l'homme ne puisse être inconséquent sans être hypocrite? Depuis quand s'étonne-t-on de voir des hommes sincères n'entrer dans la vérité que par degrés, en comprendre, en admettre certaines parties, en méconnaître quelques autres? Depuis quand n'est-ce point une joie des chrétiens plus heureux, puisqu'ils possèdent la vérité toute entière, de venir au-devant des attardés, de leur tendre la main, et d'aider leurs premiers pas sur une terre amie? Attendez-vous qu'ils aient pleinement satisfait l'Église pour vous montrer encourageants et hospitaliers? Vraiment, vous vous attribuez là un rare mérite! Vous vous réservez, pour toute bonté, de ne pas mettre hors de l'Église les gens qu'elle aura officiellement reçus dans son sein! En attendant, vous rôderez sur le seuil pour en surveiller les abords et insulter ceux qui viennent en reconnaître l'approche! Vous semblez vous imaginer qu'il n'existe en ce monde qu'une manière de se tromper : la crédulité. Il en existe au moins deux, et la seconde, c'est la défiance ombrageuse. Que de fois, dans la vie privée et dans la vie publique, n'a-t-on pas laissé échapper le bien, faute d'y croire! Et, d'ailleurs, l'hypocrisie est-elle la maladie de notre siècle? Tout le monde vous répondra non; et grâces en soient rendues au ciel! L'hypocrisie religieuse a eu son temps, et assurément ce n'est pas le nôtre. Entre mille raisons, il y en a une que l'hypocrisie ne se fait pas dire deux fois : son intérêt n'est plus là. Regardez de quel côté penche, depuis soixante ans, la fortune, ses faveurs et ses disgrâces; vous saurez alors infailliblement vers quel pôle gravitent les âmes qui ont l'incorrigible habitude de la bassesse. Les hypocrites de notre temps flattent le pouvoir, et non l'Église; les peuples, et non les papes. Lorsqu'on vous dit : Je suis philanthrope, je suis humanitaire; branlez la tête, je le veux bien. Mais, quand on vous dit : Je suis chrétien ou je veux l'être; j'ai fermement soumis mon âme à la foi; ou : En attendant que Dieu m'ait accordé la plénitude de cette grâce, mon intelligence veut honorer et servir le Christianisme, ne suspectez pas ce langage. Tâchez d'apporter à ces âmes ce qu'elles ne possèdent pas encore, à ces intelligences ce qui leur manque, mais ne vous écriez pas : Voilà des ambitieux et des habiles qui veulent me surprendre.

Quel étrange dénigrement de nous-mêmes ! Quelle méconnaissance opiniâtre de progrès incomplets, mais certains et accomplis en si peu d'années !

Vous aimez mieux appeler vos alliés des traîtres et vos amis des dupes que d'admettre un service quelconque en dehors de vos affections ou de vos délimitations de fantaisie.

Ces alliés nous ont aidés à assurer, il y a quelques années à peine, l'émancipation de l'enseignement religieux et la restauration du saint-siége. Que leur avons-nous donc sacrifié en retour, que possédions-nous dans l'ordre humain, que pouvions-nous offrir, en échange, à leurs passions et à leurs calculs politiques? Les majorités? ils en disposaient

plus que nous. Les honneurs littéraires,
les suffrages de la presse? ils en dispo-
sent avant nous et sans nous; nous n'y
sommes admis, pour la plupart, qu'a-
vec leur agrément. Ah! s'ils n'ont pas
senti dans leur cœur les étreintes de la
vérité, c'est nous qui avons été les habiles, et la révolution qui a été la dupe.
Nous apportions aussi notre part de
puissance, sans nul doute; mais tous ne
le comprenaient pas, quelques-uns s'en
effrayaient. Le général Cavaignac,
M. de Lamartine, M. Sénart, M. Marie,
pensaient et votaient, dans les questions

religieuses, autrement que M. Barrot, M. Thiers, M. Dufaure, M. de Tocqueville. Comment en faire un reproche à ceux-ci sans en faire un mérite à ceux-là? Écartons donc, écartons ces accusations d'hypocrisie, ridicules quand elles s'adressent à notre siècle en général, odieuses lorsqu'elles visent aux noms propres.

Une seule question paraît admissible. Assistons-nous, depuis deux ou trois ans, à un commencement de réaction antireligieuse? Habituellement c'est vous qui le niez; de notre côté, nous n'hésitons pas à l'affirmer.

Cette réaction, vous la niez quand nous vous imputons d'en être les auteurs, vous la proclamez quand il vous convient d'en faire un texte d'accusation contre notre faiblesse. Cette réaction existe incontestablement, selon nous, et dans des proportions qui peuvent devenir menaçantes. Ainsi que vous, mais en d'autres termes, nous la reprochons à nos alliés, comme vous les nommez, lorsque nous les y trouvons associés ou seulement indifférents.

Savez-vous alors ce qu'ils nous répondent? Ils vous citent.

Ce n'est pas nous qui avons changé, disent-ils, ce sont les organes habituels du parti catholique. Ce sont eux qui ont donné le signal de la rupture et l'exemple de l'infidélité. Ils sont entrés dans le camp de la liberté sous les mêmes enseignes que les nôtres aux jours de détresse; mais, à peine ont-ils cru pouvoir compter sur l'exempt de Louis XIV, qu'ils ont passé derrière lui et prononcé le trop fameux :

C'est à vous de sortir !

Vous nous avez condamnés à entendre cela et à baisser les yeux.

Et, enfin, des alliés, qui n'en a pas? Le journalisme religieux en a d'autres que l'ancien parti catholique, et d'impérieux sans doute, car les conditions de l'alliance deviennent de plus en plus visibles. Elles éclatent dans ce qu'il dit, elles percent dans ce qu'il tait. Son langage étonne souvent; mais, en de graves circonstances, son silence étonne davantage. C'est se vanter beaucoup, nous a-t-on dit, que se décerner à soi-même le beau titre de modéré. On ne se vante peut-être pas moins lorsqu'on s'attribue les allures de l'homme emporté. Tous, tant que nous sommes, nous subissons aisément l'accusation d'un défaut qui n'est, en y regardant bien, qu'un excès de qualité. Aussi les partisans les plus chaleureux de l'*Univers* font, lorsqu'on les en presse, bon marché de ses exagérations. Pour nous, la faute, le péril principal, ne sont pas là. Le tort le plus apparent n'est pas ici le plus dangereux. On est volontiers sensible à ce qui choque, on ne l'est pas assez à ce qui manque. On est prompt à se récrier, comme nous, contre la prodigalité des gros mots, on est lent à s'apercevoir des obligeances et des indulgences systématiques. Oui, les torts de certains côtés sont signalés par une sentinelle vigilante, mais les manœuvres en sens opposé ne rencontrent qu'une sentinelle endormie.

Custos, quid de nocte[1]? C'est un beau cri, mais il faut le pousser contre ceux qui se glissent et s'avancent dans l'ombre; il est bizarre de le réserver pres-

[1] *Univers*, 4 novembre 1855.

que uniquement contre ceux qui marchent en plein jour et sans étouffer le bruit de leurs pas. Ne dites donc plus que vous ne pouvez contenir les ardeurs de votre zèle, que, le dépensant contre tout venant, vous frappez indifféremment amis et ennemis, ce rôle n'échapperait pas à de justes critiques; mais il n'est pas le vôtre. Vous avez vos jours de violence et vos jours de souplesse, vos rigueurs excessives et vos complaisances calculées. Que vos antécédents vous laissent le droit d'agir ainsi, cela est douteux; en tous cas, vous n'avez pas celui de le nier et de faire peser sur vos amis seulement la responsabilité de la condescendance et des ménagements en vue du bien. Nos alliances ont été répudiées par vous : avouez du moins que c'est pour en contracter de nouvelles, et souffrez qu'on juge et qu'on précise la portée de votre choix. L'ancien parti catholique avait contracté alliance avec la liberté. L'*Univers* lui a brusquement substitué le culte du despotisme. L'ancien parti catholique, aimant sincèrement, pratiquant avec loyauté les principes de liberté, les tempérait pourtant dans l'occasion, et s'efforçait de les concilier avec les principes essentiels et tutélaires de l'autorité. L'*Univers* ne cherche ni à modérer ses nouveaux alliés ni à les prémunir contre les tendances de leur propre nature; il les aiguillonne au contraire et les dépasse.

Le second Empire, comme le premier, s'est fondé sur des institutions sévères, aussi a-t-il pris soin de proclamer, dès son début, que la marche du temps, l'éloignement des circonstances au sein desquelles il a pris naissance, le développeraient, non dans un sens restrictif, mais dans un sens libéral. Le lendemain du 2 décembre, le Président disait à la France « qu'il jetait les véritables bases du seul édifice capable de supporter plus tard une liberté sage et bienfaisante. » Cette promesse, chacun en attend l'accomplissement avec plus ou moins de résignation, avec un sentiment plus ou moins vif de confiance ou d'inquiétude; mais il n'est personne, ni dans le gouvernement ni dans les gouvernés, qui ne sente et qui ne professe que le despotisme, proprement dit, n'a jamais été et ne sera jamais le régime définitif et normal de la France. Il n'y a pas un organe officiel qui consentît à en proclamer la théorie brutale. Seul, l'*Univers* s'est fait plus impérialiste que l'Empire. Son despotisme magistral, transcendant, dogmatique, dépasse celui de tous les théoriciens politiques. Ceux-ci s'efforcent de démontrer que la licence, et non la liberté, peut seule se plaindre de la constitution actuellement en vigueur. Mais l'*Univers* s'en prend à la liberté elle-même et pour elle-même; il la traque dans le passé, dans le pré-

sent et dans l'avenir, avec un acharne-
ment qui avait eu peu de modèles et qui
n'a pas d'émules dans la presse contemporaine. Un homme compétent disait :
L'esprit, qui sert à tout, ne suffit à rien.
— Si l'on empruntait cette formule aujourd'hui et que l'on dît : Le despotisme, qui peut servir à de grandes choses, ne suffit à aucune, — tous les amis
de la compression se tiendraient pour
contents. Nos nouveaux adversaires ré-
clameraient seuls. Pour eux, le despotisme sert à tout et suffit à tout.

X

Ils ont protesté cependant contre cette accusation. Nous leur savons gré de s'en défendre, et nous serions heureux de nous rendre à leurs dénégations : cela nous est impossible[1]. Mais, quand bien même leurs déclarations ne

[1] « Toute constitution rompt l'unité sociale, et établit un dualisme dont le résultat est d'annuler l'un par l'autre les deux termes du régime constitutionnel..... Le gouvernement n'est pas une gestion de commerce; les rois et les empereurs sont les mandataires de la Providence, à elle seule ils doivent compte de leur conduite.

. . . .

« Chercher des garanties contre le pouvoir est, en politique, ce qu'est en géométrie la quadrature du cercle. »

(*Univers*, 5 janvier 1854.)

« Et pourquoi employer si souvent le mot de liberté, qui signifie si souvent anarchie? Le mot

seraient pas explicites, ne ressortent-elles pas invinciblement de ce qu'ils rehaussent et de ce qu'ils abaissent, de ce qu'ils louent et de ce qu'ils blâment?

La passion du gouvernement absolu, l'antipathie de la liberté, ne se manifestent pas seulement chez eux dans le domaine de la politique; on les constate aujourd'hui dans toutes les applications et dans toutes les directions de leur esprit. Nous le demandons à quiconque

de liberté nous vient des pays à esclaves; il est sans usage dans un pays chrétien. »

(Univers, 27 décembre 1855.)

lit, depuis quelques années, nos adversaires avec attention, est-il un seul point où leur conversion puisse être prise en flagrant délit d'inconséquence?

En philosophie, ils ont la même mesure pour Descartes et pour Voltaire; ils ont fomenté contre la raison les déclamations les plus exagérées. Sur ce point encore, le prince de Broglie a été taxé de prévention. On n'oubliait qu'une chose, le conseil donné, la veille, avec tant de hauteur au *Correspondant*[1], de

[1] *Univers*, 4 novembre 1855.

prendre pour modèle le savant recueil qui allait, quelques semaines plus tard, recevoir et accepter, avec le plus honorable empressement, les paternelles remontrances de Rome. On oubliait les efforts ingénieux, quoique embarrassés, mis en usage par l'*Univers* pour nier d'abord, pour atténuer ensuite le sens de la décision romaine, jusqu'à ce que cette décision elle-même ait été promulguée avec une authenticité irrécusable.

En littérature, ils persiflent et bafouent, sans distinction et à peu près sans exception, tout ce qui avait fait jusqu'ici l'honneur ou l'ornement de l'esprit humain. Il s'en faut de peu que le dix-septième siècle en masse ne soit confondu avec les *trois gredins qui se relayent encore pour admirer Molière.* Ils ne font pas même l'économie d'une injure pour le dix-huitième siècle, et ils n'ont plus que des redites pour l'Encyclopédie. Buffon, « esprit grossier, » est « l'un des plus répugnants hypocrites que contienne le panthéon des libres penseurs[1]. » Mirabeau, rapproché d'un

[1] *Univers,* 15 octobre 1855.

nom dont nous ne voulons pas souiller cette page[1], n'est pas l'orateur formidable de la Révolution française, ce n'est pas même un « talent hors ligne. — Où a-t-on recueilli une page de Mirabeau? Que resterait-il de cet homme s'il n'avait pas été horriblement scandaleux[2]? »

En histoire, même équité et même profondeur de critique. Ce que l'*Univers* recherche surtout dans le passé, ce sont les solidarités gratuites, les sujets d'irri-

[1] *Univers*, 25 avril 1855.
[2] Voir la note justificative C.

tation pour le présent. On l'a vu fausser l'histoire pour parvenir à la rendre plus provocante. Les historiens catholiques avaient jugé la Saint-Barthélemy une conception si monstrueuse, un crime si détestable, qu'ils appliquaient tous leurs soins à démontrer (et ils y avaient réussi) que l'Église n'avait pu en être, à aucun degré, ni la confidente ni la complice. Nos adversaires comparent simplement la Saint-Barthélemy à l'émeute d'une ville conservatrice poussée à bout par des socialistes [1].

[1] *Univers*, 31 décembre 1855.

Ils soutiennent *ex professo* de longues thèses en l'honneur de la révocation de l'édit de Nantes.

On commençait à reconnaître généralement que Louis XIV s'était égaré dans cette mesure, ainsi que la plupart des grands et généreux esprits de son siècle, sans prévoir les douloureuses conséquences qu'elle allait traîner à sa suite. On séparait l'intention de l'exécution, on commençait à exonérer madame de Maintenon et les confesseurs, pour faire, telle qu'elle exista en réalité, la part des vues politiques et des exigences hâtives

14

d'unité nationale. Nos adversaires s'inscrivent en faux, prennent les dragonnades sous leur impétueuse protection, et concluent en dernier ressort que les hommes qui se laissent convertir ainsi ne valent pas la peine d'être convertis autrement. « A part ce point (les excès de la force), nous prions, s'écrient-ils, qu'on nous dise en quoi la révocation de l'édit de Nantes peut paraître politiquement moins nécessaire que la révocation de la constitution de 1848[1]? »

[1] *Univers*, 10 janvier 1853.

Je me permettrai d'ailleurs de consigner ici une observation générale; il y a des questions qui, quoique bien traitées dans un journal, ne produiront jamais d'heureuses impressions, si elles n'y sont abordées avec une extrême prudence. Un journal et un livre agissent dans des conditions très-différentes : un livre peut traiter de tout à ses risques et périls; son lecteur, en l'ouvrant, donne par cela même le gage d'une attention sérieuse et d'une volonté réfléchie. Un journal est pris à l'heure du loisir plutôt qu'à l'heure de l'étude par un lecteur qui veut être distrait plutôt qu'enseigné. Il est rapidement parcouru par des esprits sans préparation, qui se scandalisent et s'irritent avant d'avoir compris et souvent avant d'avoir achevé leur lecture. Un livre réfute un livre; rien ne limite les ravages d'un journal, qui se multiplie par mille échos jusque dans la taverne et va y susciter la clameur du vulgaire[1].

[1] Comment s'ébahir des divagations et des diatribes de quelques journaux, lorsqu'on leur offre une pâture telle que celle-ci :

« Aujourd'hui, *avec les ridicules idées de*

La même observation s'applique au ton. On dit quelquefois : Vous nous reprochez cette dureté et cette apostrophe :

liberté et de respect des opinions, avec l'opprobre public jeté sur l'inquisition et la crainte de la faire revivre, avec l'absence enfin de foi et de règle dans les consciences, peut-on supposer que les maires soupçonneront qu'ils ont en ce point (le colportage) quelque devoir à remplir?. . . . . »

(*Univers*, 20 avril 1853.)

« La liberté de l'Église comprend toutes celles dont les honnêtes gens ont besoin ; elle suffit à la dignité humaine. »

(*Univers*, 4 juillet 1854.)

14.

elle est tirée de Massillon ou de saint
François de Sales. Je le crois bien; dans
la chaire sacrée, devant un peuple d'é-
lite qui d'avance incline la tête et soumet sa conscience, l'orateur sacré n'envisage que la vérité absolue et peut lui
faire parler sans contrainte sa langue la
plus véhémente. Toute plume n'a pas
la même autorité. On ne peut emprunter
la hardiesse des mots sans l'auguste gravité du ministère. Tel sera révolté par le
journalisme qui eût été subjugué par le
sacerdoce.

Et cependant la même témérité n'ou-

blie rien ; après les difficultés historiques, les grandes institutions.

Nos vieux parlements ont mêlé à
leurs incontestables services des illusions et des travers : l'histoire en fait foi
et le châtiment en fut cruel. Ils sauvè-
rent le royaume par leur fermeté à maintenir la loi salique ; la religion, par leur
énergie contre l'invasion calviniste. Lors
même que leurs mœurs ne résistèrent
pas à la corruption générale, elles de-
meurent encore relativement exem-
plaires, dignes, laborieuses, intègres.
Les hommes sensés s'accorderont pour

reconnaître que, s'il y eut en France une institution vigoureuse, vraiment inhérente à l'ancienne monarchie, objet de la louange et de l'envie des nations étrangères, ce furent nos antiques compagnies judiciaires. L'*Univers* ne souffre point qu'on en parle ainsi. Il ne tolère pas sans protestation un hommage à la mémoire de la Vacquerie, de Matthieu Molé[1]. Il conteste à Achille de Harlay le courage. Il compare le chancelier de Lhospital à un aveugle tendant sa sébile

[1] *Univers*, 9 novembre 1855.

en répétant sans cesse : Charité, charité[1]!

Voici la part des Lamoignon et des Malhesherbes : « Si Louis XVI avait transformé en parlement quelques compagnies des gardes françaises, il en aurait reçu de meilleurs conseils que de tous ces robins entichés de leur importance et de leur popularité[2]. »

Voué désormais au service de la violence pour la régénération des sociétés,

---

[1] *Univers*, 4 janvier 1854.

[2] *Univers*, 7 janvier 1856.

l'*Univers* proscrit aussi le souvenir important de la vieille maison royale de France. Le catholicisme est une école de respect, disait M. Royer-Collard. Nos adversaires tiennent, sous son nom, l'école du mépris. Ils ont dit un jour qu'ils faisaient la guerre au mensonge révolutionnaire sous toutes ses formes : ils se trompent. Rien n'est plus agréable et plus favorable à la révolution que la guerre à toutes les supériorités et à toutes les renommées.

Non-seulement l'*Univers* a cessé d'honorer les plus illustres débris de notre histoire, mais il sait découvrir pour eux des épithètes dont nul ne s'était douté avant lui. Il prodigue à Henri IV des outrages qu'on n'avait plus entendus depuis le sac des sépultures royales de Saint-Denis [1]. Il dit de Louis XVI : « Les idées philosophiques lui avaient brouillé

[1] « Murailles superbes, vous vous éleviez haut sur la terre ; les grands du monde vous regardaient comme un asile illustre, etc. . . . . et voici que vous servez de toit aux pourceaux !...

« O vieille abbaye ! *le premier pourceau qui t'a souillée, c'est Henri IV*, roi de France. Il a

toute idée de justice et de devoir[1]. »
Quant à l'auteur de la Charte, « toute

frayé le chemin à ceux que nous venons de
voir. » (*Libres penseurs*, p. 313*.)

Ceci est pour l'homme, voici pour le roi :
« Henri IV, forcé par la Ligue d'embrasser le catholicisme pour monter sur le trône, n'avait jamais perdu de vue le dessein d'abaisser le catholicisme... Son plan était de constituer le calvinisme et le luthéranisme à l'état de puissances politiques exclusives ; il atteignait merveilleusement son but. »

(*Univers*, 31 décembre 1848.)

[1] *Univers*, 4 avril 1852.

* Voir la note justificative D.

expression demeure insuffisante[1]. » La réconciliation entre princes bannis est

[1] « Si l'*Union* était une feuille catholique… l'*Union*, si elle était catholique ou même honnêtement protestante… ne consacrerait pas ses apologies et ses doctrines au système gouvernemental (la Restauration) si nouvellement et si déplorablement inauguré en France ; elle lutterait plutôt contre la pente qui y entraîne aujourd'hui tant d'esprits et qui en rend le retour trop facile ; car, pour le voir remis en politique, il n'y aurait plus besoin d'un prince aussi profondément perverti de cœur et d'esprit que l'était l'auteur de la Charte ; il suffirait d'un prince faible. » (*Univers*, 16 janvier 1856.)

« C'est encore un mauvais service à rendre à

traitée « d'alchimie, de ridicule mixture, » flétrie comme « acte de scepticisme. » Il ne soupçonne plus ce prestige sacré que revêtent dans l'exil et dans la défaite les grandes institutions et les grandes races. *Sanis pater, infirmis mater erat*, a-t-on dit d'un pieux personnage; nos adversaires ont choisi une autre devise. Étrange et affligeant

la Restauration que de vouloir distinguer entre la politique de ce régime et celle du ministère Decaze... La Restauration a été en somme ce que l'a faite l'auteur de la Charte. »

(Univers, 14 janvier 1856.)

contraste ! ce sont les hommes voués à la sainte cause du droit et de la morale par excellence, à la cause qui, à travers tous les siècles, a le plus souffert du glaive, en quelques mains qu'il ait passé; ce sont les défenseurs avoués de la religion, enfin, qui s'efforcent de saper ainsi ce que garde encore de pudeur une grande nation ébranlée par soixante ans de vicissitudes inouïes.

On parle sans cesse des prétoriens du Bas-Empire, que ne parle-t-on de ses rhéteurs? Ce sont ces adulateurs insidieux dont l'encens achève de troubler les maîtres qu'un commencement de vertige a saisis. Ce sont eux qui précipitent quand on chancelle, eux que Tacite a peints d'un trait lorsqu'il a dit : « Les esclaves volontaires font plus de tyrans que les tyrans ne font d'esclaves. »

Dans cette guerre aux traditions morales, à la vie intellectuelle, la tribune ne pouvait être épargnée. Aussi est-elle un des thèmes favoris de l'animadversion quotidienne. La tribune ne plaide pas sa cause en ce moment, et personne n'est contraint de se constituer son avocat d'office; mais pourquoi lui imputer haineusement, exclusivement, tous les malheurs de notre âge? La tribune n'existait pas au dix-huitième siècle; nous avons passé de plain-pied du régime absolu à tous les excès révolutionnaires. Le voltairianisme a infecté la France sous le régime d'une censure omnipotente. Il en sera de même aujourd'hui si vous recommencez les fautes qui enfantent les Voltaire et les Mirabeau. Vous en pouvez juger par échantillon. Déjà vous avez engendré M. Nicolardot et M. Lanfrey, deux frères jumeaux quoique ennemis, et votre déplorable postérité ne s'arrêtera pas là, si vous ne vous arrêtez vous-mêmes.

On a peine en outre à comprendre comment des chrétiens témoignent pour la parole cette horreur effarée. Qui donc a plus usé de la parole que l'Église et s'en est mieux trouvé? Quelles assemblées ont soulevé et résolu des problèmes comparables à ceux que l'Église soumet à ses conciles? Quelles délibérations ont été plus indépendantes et quelquefois plus orageuses? Une assemblée de docteurs, de religieux, d'évêques, présentait, j'en conviens, une majesté, des garanties imposantes que ne peut réunir une assemblée de pairs ou de députés; mais les proportions aussi sont bien gardées. Il n'y a pas plus de distance entre un parlement et un concile qu'entre le budget ou la charte d'un État et la fixation d'une discipline, la définition d'un dogme d'où dépendent l'avenir et le salut des âmes. S'imagine-t-on d'ailleurs qu'au temps où les tribunes étaient muettes les moyens de résistance et de contrôle manquaient aux sociétés? Non; mais ils étaient autrement répartis. Tout ce qui jadis avait corps, consistance, voix consultative ou délibérative, n'existe plus aujourd'hui, mais autrefois couvrait le sol. D'où il résulte que supprimer, dans la société moderne, divisée, pulvérisée à l'infini, certaines garanties représentatives, ce ne serait pas ressusciter la société ancienne, ce serait porter l'innovation à son comble, ce serait implanter le régime turc sur une terre qui ne l'a jamais connu.

Ne pouvons-nous donc pas désormais discerner, avec quelque sang-froid, tout ce qui, dans ces matières, appartient à l'usage et ce qui appartient à l'abus? Les incendies et les inondations sont des calamités terribles, personne cependant ne propose de supprimer le feu et l'eau. Cette concession émane du comte de Maistre. Ne pourrions-nous donc, nous aussi, dans les fléaux dénoncés à si grand bruit par nos adversaires, distinguer entre tribune et tribune, et même entre la tribune et la presse? Assurément de lourdes responsabilités pèsent sur les orateurs, je n'en connais pas un qui en disconvienne; néanmoins

15.

les écrivains de la presse périodique ont
habituellement et dans tous les sens dépassé les parlementaires. La presse va
plus vite et descend plus bas. Elle est
plus directement, plus fréquemment,
l'instigatrice ou l'instrument du désordre. Quiconque, soit au nom de la liberté, soit au nom de l'autorité, aurait
à s'expliquer sur l'une ou sur l'autre,
devrait se croire tenu, non à moins de
respect, mais à plus de précautions envers la presse qu'envers la tribune. Un
troisième péril appellerait surtout son
inquiétude, ce sont les affiliations oc-

cultes, les sociétés secrètes, compagnes
inséparables du silence. Les annales de
nos trente dernières années de vie publique contiendront de douloureuses
pages. Dans cette courte période, la
France a été, d'agitations en agitations,
conduite jusqu'à l'extrême péril. Ces
agitations néanmoins portaient en elles-
mêmes, je crois qu'on ne peut le nier,
une vertu préservatrice.

Des pays qui ne participaient point à
nos libertés ont été désolés, en 1848,
par des scènes de lâcheté et de meurtre
dont Paris n'a pas eu à rougir. La pu-

blicité nous a perdus; mais aussi la publicité nous a sauvés. Dans la perte comme dans le salut, la parole et le vote jouent un rôle également décisif. Où voyez-vous ce miracle de réaction s'opérer par les voies souterraines? Le labeur, le combat, sont la voie universelle. Montrez-moi dix ans de la vie d'un homme sans misères et sans larmes; montrez-moi cinquante ans de la vie d'un peuple, même sous la constitution la plus forte, sans commotions et sans luttes. S'il en était autrement, l'humanité aurait depuis longtemps découvert le secret des béatitudes inaltérables, et elle lui aurait tout sacrifié. Mais cette anticipation du ciel n'est point à notre portée, aucune science ne peut la promettre, aucun siècle ne l'a conquise, aucun régime ne l'a donnée. Le murmure de nos impatiences n'est que l'un des gémissements de la longue plainte humaine que prolongera bientôt, à son tour, le murmure des générations suivantes. Il ne s'agit donc pour l'homme que de choisir entre les différentes conditions d'une épreuve inépuisable et inévitable. Ceux qui lui conseillent et lui promettent le repos dans

l'abdication seront peut-être les premières victimes de leur méprise; ceux qui
l'exhortent à préférer les labeurs en
plein soleil croient lui offrir le meilleur
conseil pour sa sécurité comme pour son
honneur.

XI

Enfin, nos adversaires ont un dernier objet d'aversion sur lequel ils n'admettent ni tergiversations ni trêves, c'est 89. En 1848, ils écrivaient : « M. de

Lamartine a dit que la Révolution française est un écoulement du christianisme. Cette parole est vraie, nous l'avions prononcée avant lui... Parmi les principes sociaux qui viennent de triompher et qui vont se formuler en institutions, quels sont ceux que l'Église repousse? nous n'en voyons aucuns. »

Ils écrivent aujourd'hui : « La liberté, telle que la cherchent les parlementaires, est reconnue funeste à tous les degrés[1].» Ils ajoutent, en parlant de l'Église : «On

---

[1] *Univers*, 17 janvier 1856.

veut à toute force la faire libérale, elle qui a dit si nettement, le jour de l'Assomption 1852, qu'elle ne l'a jamais été et qu'elle ne le serait jamais[1]. »

Cette assertion a quelque chose de particulièrement hardi sous le glorieux pontificat de Pie IX, mais ce n'est pas là-dessus que nous devons insister. Plus que nos adversaires, nous tenons à ce que l'Église reste en dehors de ce débat; pour nous, c'est assez de la question de 89, ne nous occupons que d'elle.

[1] *Univers*, 22 décembre 1855.

Quand les peuples, quand les partis qui aiment à se donner pour des peuples, engagent entre eux quelques-uns de ces dialogues qui ont pour dénoûment une révolution, ils ne s'accordent pas le temps nécessaire aux périphrases et aux définitions nuancées. Ils choisissent un mot court, rapidement saisissable, ils en font un étendard, puis ils courent au combat, pour ou contre lui. 89 est un de ces mots, un de ces cris alternatifs de ralliement et de discorde, de paix et de guerre. Avant donc de rayer à toujours ce mot de la langue chrétienne, avant de prendre contre lui une attitude positivement agressive, il faut y réfléchir.

Lorsqu'en 1814 la maison de Bourbon remit le pied sur la terre de France, ce mot pouvait présenter encore un problème. Peu d'années après, lorsque la Restauration, lorsque l'extrême droite elle-même, eurent consacré l'égalité devant la loi, la liberté religieuse, l'égale répartition des impôts, l'intervention du pays dans le vote et le contrôle de ses deniers, 89 ne fut plus un problème, il fut une solution. Personne, esprit fort

ou esprit faible, n'y pouvait plus rien.
Aujourd'hui, après tout ce qui s'est
amoncelé d'événements, depuis 1814,
chez nous et autour de nous, 89 n'est
pas seulement une solution, c'est un lieu
commun; c'est le résumé rapide et vulgaire à l'aide duquel les hommes sensés
en finissent avec les esprits faux de toutes les coteries, survivant aux partis pour
les parodier. 89 a servi à M. Berryer et
à M. de Montalembert, comme à M. Thiers
et à M. Odilon Barrot, contre les déma-
gogues de notre temps qui nous pous-
saient à grands cris vers 90, 92 et 93.

Non-seulement 89, défini et inter-
prété comme il doit l'être par les esprits
sages de toutes les opinions, n'a rien
d'antichrétien, il n'a même rien d'anti-
monarchique. Quand on l'envisage de
sang-froid, on y reconnaît une date plutôt qu'une origine. Ah ! ces brèves syl-
labes ne contiendraient pas tant de choses, ne soulèveraient ou n'apaiseraient
pas magiquement de soudaines tempêtes, si elles ne représentaient que l'im-
provisation d'une assemblée efferves-
cente. Les utopies de la Constituante, les
crimes de la Convention, ont laissé der-

rière eux la méfiance et la terreur. C'était là l'œuvre de la Révolution proprement dite, l'œuvre de la passion, de l'aveuglement, l'œuvre du 14 juillet et du 6 octobre, du 20 juin et du 10 août. Ce qui a survécu était l'œuvre de la monarchie et l'œuvre du temps. Ce n'est pas dans une sanglante promenade avec des têtes au bout des piques, ce n'est pas dans l'assaut des Tuileries ou de la salle des Feuillants, que sont nés les trois ou quatre principes devenus la base des sociétés modernes. Ils sont nés des efforts, des pensées, des réformes, autant que des fautes de la monarchie durant deux siècles.

On conçoit qu'un esprit droit, qu'un cœur ferme, ne consente pas à dire : Les conquêtes de 89. Ce mot conquête implique le triomphe de la force sur la volonté; il est habituellement, dans la bouche de ceux qui l'emploient, une dernière insulte à Louis XVI; il continue sur sa mémoire le martyre de sa vie, il le rend encore une fois victime de ce qu'il a le plus sincèrement, le plus généreusement voulu. Si votre protestation se bornait à cela, nous serions d'accord;

mais, lorsque vous semblez vous inscrire, chaque matin, contre Louis XVI lui-même, contre les principes que consentaient avec lui les hommes les plus monarchiques de son temps, que la Restauration a deux fois sanctionnés, alors, non-seulement je ne vous comprends plus, mais je vous défie de vous comprendre vous-mêmes et de formuler un système qui soit autre chose qu'un despotisme absurde sans précédent et sans nom. Vous argumentez, il est vrai, du dénoûment fatal de plus d'une tentative de réforme depuis un siècle; mais pensez-vous donc que le crime des factions dispense la souveraineté de ses devoirs et la décharge de sa responsabilité? Ne reste-t-il pas toujours à reprendre dans la mesure juste l'œuvre faussée par l'ingratitude et la colère? Pensez-vous que, si la fortune de la France eût permis que Louis XVI échappât aux forcenés de Varennes et pût rentrer à Paris avec la plénitude de son autorité, il n'eût eu le lendemain qu'à récriminer et à punir? N'aurait-il eu rien à prévoir, rien à préparer? Tout ce qu'il avait jugé mûr pour des transformations, des améliorations,

16

serait-il devenu, par le seul fait de la révolte, inviolable et sacré? Seriez-vous donc du petit nombre de ceux qui, voyant que la France s'arrête, s'imaginent qu'elle rétrograde? Seriez-vous de ceux qui, la voyant tantôt si exigeante et tantôt si débonnaire envers le pouvoir, en concluent qu'elle va, de lassitude, donner sa démission? Vous méconnaîtriez le sens vrai d'une contradiction aisée pourtant à expliquer. Tout tient, en elle, au plus ou moins de confiance, au plus ou moins de sécurité, que le pouvoir lui inspire au point de vue de 89.

Oui, souvent, trop souvent, la France sacrifie les libertés dont on la croyait follement éprise; mais regardez de près, vous vous apercevrez qu'elle ne livre jamais ce dépôt qu'à des mains qui ne l'inquiètent ni au sujet de l'égale répartition des charges ni au sujet de la liberté religieuse, et qui ne lui laissent pas craindre la suprématie d'une seule classe sur toutes les autres.

A ces heures de prostration, des hommes trop pressés de se réjouir disent alors : La Révolution est vaincue.

— Non, elle est rassurée, ce qui est fort

différent. Rapprochez-vous de 90 et de 91, vous effrayez aussitôt le pays, et il redemandera 1802 ou 1804, plutôt que de traverser encore les odieux intervalles qui séparent ces deux époques, et vers lesquels il ne veut plus se laisser entraîner. Mais, d'un autre côté, attaquez, contestez 89, c'est-à-dire le point convenu où les esprits sages et clair-voyants de la vieille société se sont rencontrés et unis avec les esprits honnêtes et intelligents de la société nouvelle, plaisez-vous à confondre Mounier et Pethion, Cazalès et Camille Desmoulins, vous aliénerez aussitôt le pays, et il refusera de vous suivre, convaincu que vous prétendez le ramener aux pieds du chancelier Maupeou.

Depuis soixante ans, notre pays a hésité sur toutes choses, sur toutes, excepté sur les quatre ou cinq notions générales qu'à tort ou à raison il a rangées sous l'étiquette de 89. Maintes fois, il a douté du meilleur moyen de les faire prévaloir dans sa constitution, de les implanter dans ses mœurs ; jamais il n'a consenti à les abjurer. Maintes fois, depuis soixante ans, sa destinée a paru jetée en l'air, à pile ou face ; autant de fois elle est retombée sur le même côté; toujours et précisément sur ce côté de 89, dont vous faites l'objet de vos sarcasmes.

Et quels sont donc vos instruments d'attaque? Par quelle voie vous flattez-vous d'arriver à vos fins? 89 tient la clef d'une forteresse au sein de laquelle il se retire pendant les jours d'orage, et attend paisiblement que la fortune ait achevé ses coups de main; une forteresse plus solide que la liberté de la presse, plus inexpugnable que la tri-

bune, c'est le Code civil. Vous le con-
statez vous-mêmes dans des moments
lucides ; mais le Code civil s'appelle, à
bon droit, le code Napoléon. Avez-vous
conçu la pensée de faire détruire par Napoléon III l'œuvre la plus durable de Napoléon Ier?

Relisez la proclamation du Président,
le lendemain du 2 décembre ; elle se
termine par ces mots : « Si vous croyez
que la cause dont mon nom est le symbole, c'est-à-dire la France régénérée
par la Révolution de 89 et organisée par
l'Empereur, est toujours la vôtre, pro-

clamez-le, en consacrant les pouvoirs que je demande. »

Et, quand même cela n'aurait pas été répété, affiché, la force même des choses et l'évidence de la situation ne le proclameraient-elles pas assez haut? Pouviez-vous entretenir de bonne foi l'ombre d'un doute à ce sujet? La politique que vous adoptez et que vous conseillez aux catholiques, cette politique vous laisse volontiers vous élancer, comme des limiers pleins d'ardeur, contre les deux monarchies détrônées; mais, quand vous vous êtes avisés de remonter au delà, n'avez-vous pas senti son frein?

Une éloquente brochure soulevait, il y a deux ans, la question du mariage civil; vous vous en êtes emparés, tout en la taxant d'insuffisance. Le *Moniteur* a parlé; que vous a-t-il dit?

Peu après, vous avez remué, à propos du général Hoche et de Béranger, les souvenirs que devait protéger et que protége l'Empire, vous vous êtes heurtés à un second *veto*. Ce *veto*, il est vrai, n'avait pas paru dans les colonnes officielles, vous avez pu le dissimuler en partie, vous l'avez fait; vous avez mieux compris le malheur de déplaire, et vous l'avez évité. Mais n'avez-vous pas reconnu la main de 89 qui se posait sur votre bouche?

Qu'y a-t-il donc de sérieux au fond de votre pensée? Où prétendez-vous entraîner les catholiques avec de si pompeux programmes et de si minces courages? Suffit-il, contre de tels géants, d'un bras si faible et si facilement désarmé? Quelle illusion peut-on se faire dorénavant sur le peu de consistance que présentent, au jour du danger, les jactances qui, la veille, affectaient la contenance la plus hardie? Tous les partis successivement ont vu leurs présomptueux à l'œuvre, ils savent présentement ce que valent ces guides. Tous les gouvernements, toutes les causes, ont connu ces écoles bruyantes et fanfaronnes où l'on ne doute jamais de rien et surtout jamais de soi-même; où le persiflage déconcerte la prévoyance, où l'emportement intimide la modération. Malheur à ceux qui s'y laissent tromper! Que d'hommes n'a-vons-nous pas vus narguer fièrement la sagesse sans jamais consentir à regarder le bord de l'abîme autour duquel ils se jouent! ceux-là, apprenons de bonne heure à les discerner, pour ne leur confier jamais une destinée qui nous soit chère. Fouillez, fouillez vous-mêmes les débris qui jonchent notre patrie; allez soulever tant de décombres; il n'en est pas qui ne recouvrent quelques téméraires sophistes, auteurs à la fois et victimes du désastre qui les a ensevelis.

Vous demandiez naguère : Qu'est-ce que l'esprit moderne? que veut-il, cet esprit moderne[1]? Posez cette question en présence de nos ruines, chacune d'elles

___

[1] *Univers*, 15 février 1856.

vous répondra. Les émigrés (j'ai les meilleurs motifs pour en parler en respectueuse et pleine connaissance), les émigrés ont franchi la frontière en disant : Qu'est-ce que la Révolution ? Et ils commandaient leurs équipages de chasse pour le retour de l'hiver suivant. La Révolution, à son tour, a dit plus d'une fois : Qu'est-ce que la Restauration ? La monarchie de Juillet : Qu'est-ce que c'est que la République ? Les réponses ont fini par arriver à tout le monde. Prenez garde à celle que peut vous réserver l'esprit moderne.

Et cependant vous n'avez pas seulement la prétention de défendre l'Église. Vous aimez surtout à vous présenter comme les auxiliaires, et quelquefois même comme le rempart de l'ultramontanisme. Ici encore vous tournez le dos à votre but.

La Révolution française aime le gallicanisme, c'est elle qui l'a détruit. Vous vous posez en ultramontains par excellence; si quelqu'un ressuscite le gallicanisme, ce sera vous.

Qui ne conçoit aisément la différence radicale de situation faite à l'Église, en

deçà ou au delà de la Révolution française? L'Église de France autrefois était
tout ensemble un grand corps proprié-
taire et un grand corps politique; son
influence temporelle marchait de pair
avec son influence spirituelle; liée à tous
les intérêts de l'État, elle pouvait seconder ou entraver chacun de ses mouvements. On n'occupe jamais un tel rang
sans le payer par des servitudes. C'est
rarement la fortune qui affranchit, c'est
beaucoup plus souvent la disgrâce. Tant
que l'Église de France jouit des splen-
deurs de la prospérité, elle en subit les

charges; la principale et la plus natu-
relle fut la méfiance de l'État. La monarchie française, fille aînée de l'É-
glise, aura pour impérissable gloire
d'être demeurée fidèle à ce titre; mais
on ne peut dire que ce fut sans de fré-
quentes altercations. Les conflits renais-
sant de siècle en siècle, au point de jonc-
tion entre les questions temporelles et
les questions spirituelles, les ombrages
de l'État se tournèrent en habitude et en
une sorte de jurisprudence dont les hommes de loi devinrent les gardiens. Cette
jurisprudence finit par revêtir une exis-

tence légale et porta un nom propre, le gallicanisme.

Une révolution changea ou plutôt brisa ces rapports. Le clergé fut dépouillé de toute propriété et de toute existence politique. Mais, comme la Providence se plaît souvent à faire germer dans les événements le contraire de ce que croyait y semer l'intention des hommes, deux conséquences imprévues ressortirent de ce nouvel état de choses. La matière première, la matière palpable du gallicanisme venant à manquer, l'esprit gallican ne sut plus à quoi s'en prendre et s'épuisa en tentatives si évidemment injustes, qu'elles demeurèrent impuissantes. Secondement, le clergé lui-même, se voyant dépouillé, isolé, sans assemblées générales, sans délibérations régulières, presque sans communications de diocèse à diocèse, reconnut, plus unanimement qu'il ne l'avait fait jusqu'alors, le besoin de son étroite union avec Rome; il comprit que, s'il ne se serrait pas tout entier et sans réserve sous la houlette du pasteur des pasteurs, il deviendrait, en peu d'années, le jouet des gouvernements et la proie des discordes. L'ultramontanisme désormais ressortait tellement de l'ensemble de toutes les situations, qu'aucun siècle peut-être n'a vu un acte d'ultramontanisme comparable à celui que vit notre âge, lorsqu'un gouvernement demanda à un pape de remanier de fond en comble l'Église de France, de disposer des siéges sans la participation des titulaires, de trancher enfin, par acte souverain, les questions de propriété ecclésiastique.

L'ultramontanisme, qui devait inévitablement inspirer la conduite des églises de France, inspira du même coup la pensée de ses apologistes. Il enflamma l'éloquence du comte de Maistre, les quinze années de lutte du parti catholique dans les Chambres, l'apostolat et les écrits du P. Lacordaire et du P. de Ravignan, la réforme liturgique de dom Guéranger, la renaissance catholique de toute l'Europe. La presse religieuse servit d'écho à ces grandes voix. Aujourd'hui, que devrait faire celui qui, de dessein prémédité, se proposerait de couper court à ce mouvement, de faire refluer vers le lit délaissé du gallicanisme le courant des idées et des sympathies? Il devrait faire ce que vous faites : découvrir, chaque matin, un nouveau terrain de collision entre Rome et l'esprit du temps; puis, dans la proportion où il parviendrait à la séparer de ses appuis naturels, l'inféoder à un système politique portant en lui-même toutes les tentations de la puissance.

Tout se voit en France, par conséquent tout doit se prévoir. Quelles que soient l'habileté et l'énergie de nos gouvernements, nous marcherons longtemps encore, d'incertitudes en incertitudes, entre les menaces de la licence et les représailles de l'autorité.

Si les passions populaires sont encore une fois déchaînées, vous aurez amassé, autant qu'il est en vous, contre l'Église, toutes les haines qui feront irruption dans la société. Vous placez-vous, au contraire, dans l'hypothèse d'un gouvernement triomphant de tous les obstacles, n'ayant plus rien à craindre, rien à ménager ni au dedans ni au dehors, garantissez-nous alors sa sagesse infaillible; car, si vous supposez une seule occasion de démêlés possible entre l'Église et l'État, où sera le point d'appui de votre indépendance? où sera votre force morale? Vous ferez de nouveau appel à l'opinion. Qui vous rendra le terrain perdu? Qui croira à votre bonne foi? Il n'y a pas un homme ou une idée que vous n'ayez blessés; pas une arme, ayant servi à vos propres triomphes, que vous n'ayez rejetée. Tout ce que la prudence humaine peut suggérer, vous en avez fait litière; tout ce que l'esprit de défi peut risquer, vous en avez fait trophée. Vous avez écrit ce qu'aucune bouche gallicane n'aurait osé proférer. Vous avez dit à un souverain qu'il avait pour sa cause deux armées, « l'une de quatre cent mille soldats, l'autre de quarante mille prêtres[1]. »

[1] « Si jamais, depuis un demi-siècle, on a pu espérer une restauration sociale, c'est tout à l'heure, c'est en ce moment. Devant quelle entreprise de pacification politique et intellectuelle se sentirait-il trop faible, le pouvoir privilégié qui a le profit de tout ce que Napoléon Ier a fait de grand et d'utile, qui n'a la responsabilité d'aucune de ses fautes, et à qui une expérience de quarante années permet de les corriger? Il ne peut rien redouter sérieusement de ses ennemis révolution-naires, dont les doctrines font horreur, ni de ses adversaires parlementaires, dont les entêtements font pitié. Contre cette troupe en désarroi, deux

Le souverain a dû sourire de votre enthousiasme. Et, s'il a daigné le faire, ne vous en irritez pas; vous auriez bien plus à vous plaindre s'il vous avait pris au mot.

armées se donnent la main *pour sa cause* au sein du peuple, qui les a fournies et qui l'aime. L'une composée de quatre cent mille hommes de guerre, pleins de discipline et de jeunesse, sous le vieil honneur de leur drapeau; et l'autre, celle que Napoléon Ier n'eut pas, et qu'aucun peuple, peut-être, n'eut jamais si florissante et si belle, l'armée de charité, *forte de quarante mille prêtres et de cinquante mille religieuses.* »

(Univers, 28 janvier 1854.)

XII

Nous avons essayé de raconter impar-
tialement deux conduites opposées; con-
statons-en maintenant les résultats.

Il y a peu d'années, l'Église et la société marchaient d'accord, elles avaient les mêmes amis et les mêmes adversaires; l'Église était attaquée parce qu'elle le sera toujours; mais elle ne l'était plus que par des minorités contre lesquelles protestaient les majorités honorables et intelligentes. Si tous ceux qui défendaient l'Église alors n'avaient pas commencé par signer son symbole, tous étaient convaincus, du moins, que son esprit ne se retirerait pas de la France sans en emporter la vie; que la foi catholique constituait l'indispensable instrument de la régénération sociale. Non-seulement ils le disaient ainsi, mais ils le confessaient par leurs actes. Vous avez répudié cet héritage. Vous avez voulu que les amis de l'Église et les amis de la société fissent feu les uns sur les autres. Vous avez failli jeter la division dans l'épiscopat français; parmi les laïques vous avez réussi. Vous avez contraint le saint-siége à intervenir. Son équité longanime a donné au zèle des encouragements, à l'imprudence des conseils. Vous avez triomphé des encouragements, oublié les conseils. Ce qui était hostile, vous l'avez exaspéré;

ce qui était bienveillant, vous l'avez rendu hostile. Les perspectives de l'avenir s'ouvraient sur des réconciliations graduelles, sur une expansion rapide. Qu'y avez-vous substitué? Vous montrez avec orgueil les illuminations pieuses, l'heureux envahissement des tables saintes; nuls cœurs ne s'en réjouissent plus que les nôtres; mais êtes-vous bien sûrs que ce mouvement, qui appartient à Dieu et à l'Église, ne soit pas encore aujourd'hui même secondé par les influences, constant objet de vos attaques? Prenez garde qu'on ne juge dans quelques années, par des fruits amers, vos combinaisons et vos patronages d'aujourd'hui.

La société revient à la religion, cela est vrai; mais par où a commencé le retour? Par les hauteurs; et c'est ainsi qu'il s'inaugure quand il doit demeurer efficace et durable. Oui, les esprits d'élite inclinent à la foi. En France et en Orient, l'armée donne à l'Église comme à la patrie d'admirables spectacles. La science, les lettres, l'industrie, la magistrature, la jeunesse, ce qui fait la vigueur et la fierté d'une nation, s'avance vers l'Église d'un mouvement amical et continu. Tout n'est pas fini cependant, et dans cette voie comme dans beaucoup d'autres, qui n'avance pas recule. Or ces foyers d'action, vous semblez prendre à tâche de les tourner contre l'Église. C'est là que vous avez jeté la perturbation. Le bien n'a pas suspendu sa marche, mais il l'a ralentie. Plus que jamais nous avons foi en lui; mais plus que jamais aussi nous avons la certitude des obstacles qui s'accumulent. Oui, la religion a repris et étend son empire, mais là surtout où

votre action ne se fait pas sentir. Partout où vous posez le doigt, un mouvement répulsif se manifeste; et c'est ce
qui doit éveiller l'inquiétude des ob-
servateurs attentifs. Un jour de pluie ou
un jour de soleil ne fait pas la moisson ;
la fertilité naît de plus loin, elle descend de plus haut, comme les fleuves,
et quand les sources sont taries sur les
sommets, la plaine est frappée de sté-
rilité. Autant en arrive-t-il d'une nation
à laquelle tout ce qui est élevé refuse
des inspirations et des exemples.

Mais, nous dit-on, vous parlez de la

religion, vous pensez à la politique.

Nous ne vous répondrons pas que nos preuves sont faites depuis longtemps, et dans le sens contraire; mais nous vous ferons observer que le grief capital des catholiques contre vous aujourd'hui est précisément votre préoccupation perpétuelle d'impliquer l'Église dans chacune de vos propres querelles, de lui faire parcourir le cycle entier de vos propres évolutions, de lui attirer successivement toutes les représailles au-devant desquelles vous vous plaisez à courir. S'il en était autrement, votre œuvre nous trou-

blerait peu et ne nous regarderait pas.
La réserve malheureusement vous est
inconnue ou vous paraît insupportable.

La transformation des institutions, en
1851, trouvait et devait laisser l'Église
dans son auguste neutralité. C'est vous
qui avez essayé de l'en faire sortir ; c'est
vous qui, tous les jours, élevez la voix
pour insulter les droits et les garanties
que vous aviez invoqués, les hommes
que vous aviez eus pour compagnons ou
pour chefs. Vous l'avez fait sans relâche
et sans retenue, pendant même que
l'exil et le silence universel vous assu-

raient les immunités du monologue.

Vous nous accusez d'obéir, avant tout, à des sentiments politiques; mais ne vous apercevez-vous donc pas que tout homme, en ce pays, qui poursuit un but de cette nature n'a rien de mieux à souhaiter que d'encourir vos hostilités? Vous reniez la monarchie tempérée, vous dénoncez quiconque lui a voué son regret. Et quel est l'obstacle qui se dresse contre elle? N'est-ce pas le préjugé enraciné, quoique absurde, qui lui impute un attachement incorrigible au passé, une incompatibilité

sourde avec les temps nouveaux? En at-
taquant à la fois la monarchie tempérée
et la société moderne, vous les rappro-
chez l'une de l'autre, vous dégagez la
monarchie des liens qu'on lui prête avec
le despotisme et la théocratie ; vous ne
détacherez pas d'elle ses amis, vous fini-
riez par en rapprocher ses ennemis :
service involontaire dont la valeur sera
comprise tôt ou tard par la politique
même que vous défendez.

Non, ce n'est pas nous qui nous ef-
forçons d'attenter à la majesté de l'É-
glise. L'Église, selon nous, ne proscrit

aucune constitution ni aucune dynastie ; elle vit avec toutes et survit à toutes. Les révolutions passent, elle demeure ; elle se récuse dans la lutte des partis pour rester le frein des vainqueurs, l'abri des vaincus. Selon vous, au contraire, elle s'éprend pour une seule forme politique, elle n'adresse qu'à celle-là ses vœux intimes et ses bénédictions.

Quant à nous, ce qui nous frappe, c'est le contraste entre votre attitude et celle du saint-siége. Il est doux et persuasif, vous êtes tyranniques et altiers ; il gagne les dissidents, vous aliénez les fidèles ; il tolère les natures diverses, les nécessités d'un siècle, vous prônez partout la rigueur en théorie et l'intolérance en pratique. Le saint-siége n'est représenté par aucun journal, il règle les croyances et non les opinions. S'il intervient dans la polémique religieuse entre catholiques, c'est pour laisser à chacun pleine latitude en ce qui n'est pas le dogme, et conseiller à tous les égards mutuels. Contre les adversaires de la religion il ne demande que la fermeté des principes, il exhorte à la modération envers les personnes. On est avec lui quand on défend la foi, contre lui quand on offense la charité. Chaque écrivain catholique reçoit les honneurs de son dévouement et garde la responsabilité de ses écarts. Le saint-siége ne s'abaisse ni à diriger ni à censurer la presse européenne. Vous, au contraire, vous vous efforcez de commettre avec vous l'Église et sa doctrine. Vous tendez, en France, à peser sur l'épiscopat, comme organe de Rome; et à peser à Rome, comme organe de l'épiscopat.

Vous détestez le jansénisme, et vous avez raison, mais vous en reprenez le caractère chagrin et les exigences mesquines. Le jansénisme a contribué à faire bondir hors de l'Église les esprits bouillants, il a rebuté la masse des esprits inertes; il a jeté la fin du dix-septième siècle dans des agitations stériles; il a contribué à faire réagir, jusqu'à la corruption impie et frivole, le dix-huitième siècle tout entier. Vous ne produirez pas tant de ravages, parce que vous ne vous concilierez pas de si puissants génies; mais vous pouvez du moins fausser quelques esprits, aigrir quelques cœurs. A force de resserrer les voies de la civilisation, de retrancher à l'esprit ses applications et ses développements naturels, vous risquez de refouler jusque dans le matérialisme industriel tout ce que vous n'aurez pas courbé sous le joug de votre discipline.

Quant à la portion du clergé qui vous écoute, vous lui soufflez l'esprit de contention et d'irritabilité. Trop de barrières existent encore entre le prêtre et les populations; vous en créez de factices. Vous entretenez en dehors de l'appréciation pratique de son milieu celui que l'expérience n'a pas encore instruit.

Indifférents à la désaffection, vous tra-
vaillez à lui inculquer cette funeste in-
sensibilité.

Et à quel pays, à quel temps adressez-
vous votre insulte permanente?

Au pays que Dieu semble avoir fait le
promoteur privilégié de toute erreur ou
de toute vérité. Ah! sans doute, nous
avons encore à gémir sur nous-mêmes
si nous n'envisageons que cet idéal chrétien qu'aucune nation n'a réalisé dans
son type absolu. Mais, si nous exami-
nons froidement l'ensemble de notre
époque, si nous suivons le courant des

esprits, de Voltaire à M. de Chateaubriand, de M. de Chateaubriand à M. de Maistre et aux apologistes catholiques d'aujourd'hui; si nous suivons la marche des faits (corrélative à celle des esprits) de la constitution civile du clergé au concordat, du concordat aux conciles provinciaux, tenus librement dès 1849 par nos évêques, qui ne sera convaincu, qui ne sera ému du mouvement ascendant du catholicisme? Qui ne sera pénétré du sentiment de la reconnaissance plutôt que du besoin de l'anathème?

Et à quel temps vous adressez-vous?

A celui qui a reçu, pour le progrès ou la propagation du christianisme, la mission la plus étendue et les instruments les plus merveilleusement rapides. Dans l'immense empire britannique, les progrès du catholicisme sont tels, qu'ils alarment et surexcitent le protestantisme : qui mieux que vous fournit à l'animosité de ses hommes publics des aliments et des prétextes pour fomenter contre le saint-siége les passions populaires ? L'Espagne tente, au sein de ses révolutions chaque jour renaissantes, des efforts désespérés pour garder du moins sa foi et recouvrer l'équilibre à l'aide d'un rapprochement avec Rome : sont-ce vos doctrines et vos thèses historiques qui faciliteront cette œuvre? L'Allemagne salue pour la première fois une alliance large et sincère entre la papauté et l'empire. Tous les regards sont attentifs à ce grand spectacle; l'épreuve semble être décisive. Qui est-ce qui la fera réussir? l'habile équité qui des deux parts a négocié et conclu le concordat autrichien, ou l'esprit d'emportement si avidement épié par ses antagonistes? La Russie change en am-

bition civilisatrice son ambition conqué-
rante. Elle sait bien d'où lui viennent
ses plus profondes blessures; est-ce le
despotisme qu'elle appelle pour les gué-
rir? L'Orient s'ébranle, la croix latine
et la croix grecque se retrouvent en face
l'une de l'autre dans des conditions qui
font tressaillir d'espérance le cœur de
Pie IX. Est-ce votre esprit qui les rap-
prochera?

Mais ce sont là les horizons de l'avenir, et je m'arrête. La tâche que je me
suis imposée est accomplie. Elle m'a
été pénible. Je veux le répéter à ceux

dont je me suis séparé; je veux le répéter aussi à ceux de nos amis qui s'ef-
frayent d'une séparation et d'un débat
publics. Oui, nous avons poussé le cri
de l'honneur blessé et de la conscience
indignée. Le reproche que nous croyons
mériter, c'est de ne l'avoir pas fait entendre plus tôt.

Tant que les catholiques se sont laissé
personnifier, sans contradiction formelle, dans un organe quotidien, l'opinion a dû croire et elle a cru que cet organe parlait pour tous. Puis, de la
complicité supposée des catholiques,

elle concluait à l'adhésion de l'Église elle-même. Cette confusion pouvait conduire tôt ou tard à des conséquences déplorables. Elle imposait à l'Église cette alternative, ou de subir forcément une solidarité qu'elle repousse, ou de manifester la vérité par des actes au-dessous de sa dignité et en dehors de ses habitudes.

Aujourd'hui cette situation n'existera plus. La division a ses inconvénients que personne n'a le droit d'affronter légèrement, on sait qui en a pris l'initiative; mais ici la division rachète son péril par une compensation qui l'emporte sur tout le reste : elle dégage l'Église. Ceux qui voudront désormais chercher et trouver le catholicisme ne le chercheront plus que chez elle.

La polémique, qui se clôt ici, n'a été ni une représaille, ni une compétition jalouse, ni le parti pris de controverses systématiques et prolongées. Elle a été une protestation; elle a eu pour but de rendre à chacun, une fois pour toutes, la liberté de ses convictions et l'usage de son dévouement. Nous avons le droit d'espérer que ce but est atteint. Entre nos adversaires et nous, le temps et les résultats prononceront. En attendant, et de cette façon, le bien profitera au bien, le mal ne retombera que sur ses auteurs.

NOTES

Note A

Page 180.

...... On prit envers Rome les engagements qu'elle exigea. Comment ces engagements ont-ils été tenus?

M. Veuillot m'a reproché, comme un

manque de loyauté, de n'avoir pas reproduit
la lettre de monseigneur Fioramonti tout
entière. Je ferai observer que je n'ai inséré
dans ce travail sommaire aucun document
in extenso, soit favorable, soit défavorable ;
que j'avais pour unique but de rappeler ce
qu'on oublie ou ce qu'on cherche à faire oublier ; qu'enfin, loin de dissimuler la partie
laudative, je l'avais constatée moi-même
en disant : « Vous avez contraint le saint-
siége à intervenir. Son équité longanime a
donné au zèle des encouragements, à l'imprudence des conseils. Vous avez triomphé
des encouragements, » etc., etc.

Je crois même donner l'exemple d'une

discrétion louable, en ne m'armant pas, à
mon tour, des dernières lignes de la lettre
de monseigneur Fioramonti contre les exigences et les déclamations du moment.

Note B

Page 194.

...... Si de pareilles aberrations ont traversé quelques cerveaux, nous demandons qu'on les signale plus clairement; nous ne voudrions laisser à personne l'honneur de les avertir ou de les éclairer avant nous?

M. Veuillot n'a pas répondu à cette question et n'y fait même aucune allusion.

S'apercevant combien le terrain politique (que j'ai décliné et que je décline encore dans ce débat) lui présente de facilités, de sûretés, auxquelles ses adversaires ne peuvent prétendre, il s'y place et s'y maintient imperturbablement. C'est donc le seul point qui vaille la peine d'une explication.

Au début de sa réponse (page 2), M. Veuillot, s'adressant à moi, dit : « Ce n'est pas un dissentiment qui s'explique, c'est un ressentiment qui se déclare. On y sent l'animosité qui veut blesser et qui perd de vue tout le reste. » Mais bientôt M. Veuillot se ravise, et il dit (page 78) : « Nous cherchons à comprendre comment le ressentiment, que n'éprouvaient point les vaincus, resta si profond dans l'âme du vainqueur. Cette rancune, après six ans, n'est pas naturelle. » M. Veuillot ajoute (page 79) : « M. de Falloux n'a donc voulu ni, comme on pourrait le croire, se venger, ni, comme il le prétend, écrire une page d'histoire. Il a un autre but. Nous n'achèverons pas ce travail sans l'avoir pénétré. » Enfin il indique (page 82), au milieu de faits plus ou moins altérés, une circonstance vraie, c'est qu'après le vote de la loi de l'enseignement je ne gardai aucune espèce de ressentiment envers M. Veuillot. « Une réconciliation, dit-il (page 82), s'opéra pleinement et promptement, non-seulement avec M. de Montalembert, ce que l'écrit de M. de Falloux ne laisse guère soupçonner ; mais encore, ce qui paraîtra plus étrange, avec M. de Falloux lui-même. »

Renonçant ainsi et de son propre mouvement à la première accusation, celle « d'une animosité qui me faisait perdre de vue tout le reste, » M. Veuillot s'attache à un thème auquel il demeure fidèle, c'est le thème politique.

« La situation, dit-il (page 10), est tout simplement le refus de l'*Univers* de s'engager dans la fusion, parti actuel de M. de Falloux et de quelques-uns de nos anciens amis. »

Autant M. Veuillot a eu raison de renoncer à m'attribuer un ressentiment personnel contre lui, autant il se trompe dans l'assertion à laquelle il accorde une préférence définitive.

M. Veuillot n'a eu ni refus à exprimer ni négociateur à éconduire, à ma connaissance ou à la connaissance du *Correspon-*

dant, au sujet de la fusion. Entre mille preuves que j'en pourrais donner, je me borne à celle-ci : M. Veuillot est un des premiers qui, dans la presse, ait traité la question de la fusion ; il l'a fait en termes aussi clairs qu'éloquents.

Les motifs politiques qu'il donnait alors ne sont pas de nature à être reproduits aujourd'hui, mais je crois pouvoir citer le côté exclusivement moral et pour ainsi dire religieux, sous lequel l'*Univers* envisageait aussi cette question.

« L'un des plus grands maux de la société, disait-il, consiste dans l'atteinte qui a été portée aux lois, aux droits de la famille.

La famille des Bourbons, la première de la France et du monde, n'est pas dans l'ordre, il faut qu'elle y rentre. Il faut que toute division soit bannie de son sein, que toute contestation cesse. Voilà l'exemple que les Bourbons doivent au monde, le devoir qu'ils ont à remplir, la seule politique dont ils puissent attendre des résultats qui ne fassent pas gémir la justice et qui n'ensanglantent pas l'humanité.» (*Univers* du 14 juin 1850.)

Personne n'a pu demander à M. Veuillot d'en dire davantage, et personne ne lui demande de le répéter; il suffirait qu'il voulût bien garder, comme presque tout le monde, sur cette question, le silence ou le respect.

Le passage ci-dessus est extrait d'articles publiés par l'*Univers* sous forme de lettres adressées de Londres au rédacteur en chef. Ces lettres, d'un style qui n'avait pas besoin de signature, produisirent une vive sensation à cette époque ; M. Veuillot en acceptait hautement la paternité.

Du reste, ceux qui voudront s'éclairer sur ce point peuvent recourir à la lecture de presque tous les numéros de l'*Univers* du mois de juin et du mois de juillet 1850.

Note C

Page 239.

. . . . Mirabeau, rapproché d'un
nom dont nous ne voulons pas souiller
cette page. . . . .

L'Univers a conclu de ce passage que je

me rangeais sous les enseignes de Mirabeau et de l'*Encyclopédie*. Et il m'adresse cette apostrophe : « Respectons Mirabeau ! 89 le protége, c'est l'orateur formidable de la Révolution française. Bien formidable, puisqu'il vous fait encore trembler. » (Réponse de M. Veuillot, page 8.)

Puis, prétendant me mettre en contradiction avec moi-même, il cite le portrait de Mirabeau extrait de la *Vie de Louis XVI*, portrait que je tracerais aujourd'hui, exactement comme il y a vingt ans.

Comment M. Veuillot peut-il feindre ici de ne pas comprendre, que nier la puissance et l'action d'un homme, ne suffit pas pour les effacer de l'histoire, et qu'il faut au moins commencer par constater ce que l'on se propose de combattre? J'ai relevé ce trait, entre beaucoup d'autres du même genre, parce qu'il caractérise toute la méthode historique de l'école.

Quant à ce qui concerne la loi de l'enseignement, je n'entrerai pas dans le dédale où s'est égaré M. Veuillot. C'est de l'histoire contemporaine; chacun peut y rectifier aisément les erreurs commises. En tout cas, il me convient moins qu'à personne d'insister sur ce sujet. Je n'y ai touché une première fois que pour rappeler, à ceux que cela intéresse, ce que l'Église eût gagné si nous eussions suivi, alors, les conseils de M. Veuillot, et les inviter à réfléchir mûrement sur ce qu'elle gagnerait encore si nous suivions les conseils d'aujourd'hui. Les détails et les incidents importent peu, à moins qu'ils ne soient destinés à détourner, de ce point de vue, la pensée du lecteur.

Note D

Page 252.

...... O vieille abbaye ! le *premier pourceau qui t'a souillée, c'est Henri IV,*
roi de France. Il a frayé le chemin à